W0247129

CLIFFORD GOLDSTEIN

MACH MAL PAUSE: SABBAT!

ADVENT-VERLAG

Titel der Originalausgabe: A pause for peace: what God's gift
of the Sabbath can mean to you
© 1992 by Pacific Press Publ. Ass., Boise, Idaho (USA)

Projektleitung: Elí Diez
Übersetzung: Johannes Kolletzki
Redaktionelle Bearbeitung: Günther Hampel
Korrektorat: Wolfgang F. W. Andersch, Reinhard Thäder
Einbandgestaltung: Studio A Design GmbH, Hamburg
Titelfoto: Premium. Stock Photographie
Satz: EDP

Die Bibelzitate sind – falls nichts anderes vermerkt – der Bibel-
übersetzung Dr. Martin Luthers (Revision 1984) entnommen.
Ansonsten bedeutet:

EB = Elberfelder-Übersetzung
Hfa = „Hoffnung für alle"-Übersetzung
GN = „Die Gute Nachricht – Die Bibel im heutigen
        Deutsch"
KJV = King James Version

2. Auflage 1998

© 1997 Advent-Verlag GmbH, Lüner Rennbahn 16,
D-21139 Lüneburg
Herstellung: Grindeldruck GmbH, D-20144 Hamburg
ISBN 3-8150-1271-6

Inhalt

Vorwort

Um den Eindruck zu beschreiben, den dieses Buch auf mich gemacht hat, fallen mir spontan zwei Wörter ein: erfrischend und aufregend.

Erfrischend deshalb, weil mir die Lektüre wie ein kühler Trank an einem brütend heißen Tag vorkam. Aufregend, weil es dem Verfasser gelungen ist, eine wichtige, aber weithin vernachlässigte Wahrheit lebensnah und interessant darzustellen.

Apropos Verfasser! Clifford Goldstein ist ein begabter junger Schriftsteller jüdischer Herkunft, der vor einigen Jahren zum Glauben an Christus fand. Es ist ihm gegeben, biblische Sachverhalte so locker und unverkrampft darzustellen, daß sie auch für den theologischen Laien interessant werden.

Im Zusammenhang mit der Thematik dieses Buches erinnerte ich mich an einen Ausspruch des hebräischen Propheten Jesaja:

„Euer Volk wird wieder aufbauen, was seit langem in Trümmern liegt, und wird die alten Mauern wieder errichten. Man nennt euch dann ‚das Volk, das die Lücken der Stadtmauer schließt‘ und ‚Volk, das die Ruinen bewohnbar macht‘. Achtet den Sabbat … als einen Tag, an dem ihr Zeit habt für mich, den Herrn.“ (Jesaja 58,12.13 Hfa)

Ich glaube nicht, daß diese prophetische Schau nur für das jüdische Volk von Bedeutung war, sondern daß sie ganz allgemein von einer Zeit spricht, in der längst vergessene oder mißverstandene Wahrheiten wiederentdeckt werden und in neuem Glanz erstrahlen. Im letzten Buch der Bibel, der Offenbarung des Johannes, wird nämlich das Neuentdecken vernachlässigter bibli-

scher Botschaften als ein wesentlicher Teil der Endzeit-
ereignisse beschrieben.

Clifford Goldstein läßt den Leser diese Neubesin-
nung auf eine biblische Wahrheit in faszinierender
Weise miterleben. Weil er mit beiden Beinen im Leben
steht, verliert er sich dabei nicht in theoretischen Erörterungen, sondern entwickelt seine Gedanken erfrischend unkonventionell, manchmal geradezu atembe-
raubend.

Dieses Buch kann man nicht nur so als unbeteilig-
ter Beobachter lesen, denn man merkt sehr bald, daß
einen das Thema persönlich und hautnah betrifft. Aber
sehen Sie selbst!

George E. Vandemann

1

Keine Zeit für das Wesentliche

Keine Zeit für das Wesentliche! – das ist eine Sünde, die zum Himmel schreit. Oder wie es ein Pastor ausgedrückt hat: „Diese Sünde ist das Sonderangebot der Kirchen, man kriegt sie auf jedem Wühltisch."[1]

Doch sie mußte erst lebensbedrohlich für Familie, Gemeinde und Gesellschaft werden, bevor die Christenheit allmählich wach wurde: ein herzhaftes Gähnen, sich recken und strecken, einmal kräftig die Augen reiben. Zugegeben, die Bibel verurteilt sie, doch auf der anderen Seite sagte man sich, daß doch nicht so falsch sein kann, was auf so breiter Front Wurzeln geschlagen hat und blüht und gedeiht.

Diese Sünde gehört fast schon zum guten Ton. Dennoch ist sie mit schuld daran, daß gläubige Familien von Einsamkeit, Streß, Entfremdung, Mißbrauch und Scheidung zerrissen werden und kaum noch etwas daran erinnert, daß sie Christen sind.

Diese Sünde ist dort, wo Babysitter und Lehrer mehr Zeit für die Kinder haben als die eigenen Eltern, die meinen, Geld sei das Wichtigste für die Familie. Ein tragischer Irrtum, denn Kinder brauchen nicht zuerst Babysitter, Lehrer oder Unmengen an Spielzeug, sondern Eltern!

Diese Sünde ist eine endlose Folge von Arbeit, Terminen und dringenden Vorhaben, die kaum noch Zeit für anderes läßt – schon gar nicht für Kinder. Laut Statistik hat der durchschnittliche amerikanische Vater täglich gerade mal siebenunddreißig Sekunden Zeit für sein Kind. *Siebenunddreißig Sekunden*! Solche Hungerrationen produzieren zwangsläufig verkrüppelte Persönlichkeiten. Manche Kinder haben an dieser „Erblast" ihr Leben lang zu tragen. Und wo sich dieses Schicksal in Tausenden und sogar Millionen von Einzelfamilien wiederholt, sehen sich Kirche und Staat über kurz oder lang vor Problemen, die nicht zu bewältigen sind.

Unser Leben soll „verborgen mit Christus in Gott" sein, heißt es in der Heiligen Schrift (Kolosser 3,3). Doch manche halten es so verborgen, daß keiner mehr etwas davon wahrnimmt: sie selbst nicht, der Ehepartner nicht – selbst Christus nicht. Jesus benutzte die Ehe als Bild für die Beziehung, die er sich zu seiner Gemeinde wünscht. Aber diese Sünde „keine Zeit für das Wesentliche" raubt den Partnern das vertraute Miteinander, ohne das in einer Ehe nichts geht. Viele Eheleute haben sich innerlich so weit voneinander entfernt, daß sie es zu Hause kaum noch aushalten.

Wenn sich christliche Partner keine Zeit mehr für die Gestaltung ihrer Ehe nehmen, bleibt das nicht ohne Folgen für ihr Verhältnis zu Gott. Der Wurm in der Ehe nagt in der Regel auch an der Beziehung zu Christus. Oder ist es umgekehrt?

Wenn Umfragen ergeben, daß der religiöse Mensch vor Lüge, Betrug oder Diebstahl kaum weniger zurückschreckt als der Atheist, dann ist es um unseren Glauben tatsächlich nicht besser bestellt als um unsere Familien. „Das aber ist das ewige Leben", sagte Jesus, „daß sie dich, der du allein wahrer Gott bist, und den du gesandt hast, Jesus Christus, erkennen." (Johannes 17,3) Wie soll jemand Zeit für Gott haben, wenn er sich nicht einmal Zeit für seinen Ehepartner nimmt?

Vor dieser Zeitnot nach beiden Seiten wollte Jesus seine Nachfolger bewahren. Deshalb gab er ihnen ein Gebot, das freie Zeit sowohl für Gott als auch für die Familie schaffen soll. Warum in aller Welt halten wir uns so selten daran?

Es ist schwer zu verstehen, daß selbst gläubige Menschen dieses Gebot – Zeit für Gott und für einander zu haben – oft links liegen lassen. Eigentlich müßte ihnen doch klar sein, daß diese göttliche Ordnung Heilung für viele gebrochene Herzen bringen könnte!

Christen haben schon seit 2000 Jahren die Lösung für das Problem „Keine Zeit!" Sie hätten sie nur beachten müssen! Gott sei Dank scheinen das heutzutage immer mehr Menschen zu begreifen.

2

Das vergessene Gebot

Vor einigen Jahren wollte das protestantische Magazin „Christianity Today" herausfinden, für welche Themenbereiche sich seine Leser am meisten interessieren.

In einer Umfrage sollten 475 Abonnenten angeben, wie wichtig ihnen bestimmte Glaubensfragen sind. Es wurden Fragen gestellt wie: „Kann ein gerechter Gott tatsächlich Menschen verdammen, die nie von Jesus gehört haben?" oder: „Wie kann ich Heilsgewißheit erlangen?" Das Ergebnis war überraschend. Am meisten bewegte die Leser die Frage: „Sollten Christen den wöchentlichen Ruhetag ernster nehmen?"

In der Tat, das ist eine wichtige Frage. Denn es liegt lange zurück, daß der Ruhetag von der Christenheit noch wirklich ernst genommen wurde. Das war etwa in der Zeit, als man wegen „Sabbatschändung" noch ausgepeitscht und in den Stock gelegt werden konnte.

Abgesehen von ein bis zwei Stunden Gottesdienst ist der Sonntag für gewöhnlich vollgepackt mit allem, was in der Woche liegengeblieben ist – es sei denn, es gibt noch wichtigere Ereignisse, z. B. Fußball oder Tennis. Sport oder Fasching ist vielen Christen allemal wichtiger als Sabbatruhe.

Auf jeden Fall zeigt die Umfrage in „Christianity Today", daß Kirchgänger ihr derzeitiges Glaubensleben kritisch in Frage stellen. Wenn der Glaube nicht mehr die Kraft hat, Familien zusammenzuhalten, Kinder vor Drogen zu bewahren oder die Kirchen zu füllen, stimmt etwas nicht. Vielen scheint zu dämmern, daß all das etwas mit dem vernachlässigten Ruhetag zu tun haben könnte.

„Sabbatheiligung ist keine Nebensache, die sich zufällig ergibt oder eben nicht", schreibt der baptistische Pastor Walter Chantry in seinem Buch „Call the Sabbath a Delight". „Gott gab das vierte Gebot, weil er den Menschen besser kennt als wir uns selber. Wenn wir uns nicht an diese göttliche Ordnung halten, hat das schlimme Folgen: moralischer Verfall, gesellschaftliche Konflikte, Krankheit und Leid. Ohne das vierte Gebot als Wirkstoff wird jedes Heilmittel für die dahinsiechende Menschheit wirkungslos bleiben."[2]

Chantrys Buch ist nur eines von vielen über das „vergessene Gebot", die in letzter Zeit von christlichen Verlagen herausgegeben worden sind.

Immer mehr evangelischen Christen wird bewußt, daß der vergessene Sabbat zum Problem geworden ist – für sie selbst, ihre Familien, ihre Gemeinden und für die Gesellschaft. Ein Geistlicher drückte das so aus: „Es bleibt niemals ungestraft, wenn am Sonntag gepflügt oder gesät wird. Nur zeigen sich die Folgen nicht am Acker, sondern am Ackersmann."[3]

Neben Chantry beschäftigen sich zahlreiche andere Autoren in ihren Werken mit der Bedeutung des Sabbats. Sogar Papst Johannes Paul II. betonte in seiner Enzyklika „Centesimus Annus", daß der Sonntag unbedingt heiliggehalten werden müsse.

Obwohl Betrachtungsweise, Stil und Theologie all dieser Veröffentlichungen unterschiedlich sind, haben sie eine gemeinsame Botschaft, die Chantry so formuliert:

„Nichts reicht an die geniale Idee des Sabbats heran, nichts enthält reichlichere Segnungen für unsere Familien, Kirchen und die Allgemeinheit. Gläubige klagen, daß sie keine Zeit haben um zu beten, zu lesen, den Gottesdienst zu besuchen, anderen von Gott zu erzählen oder sich ihren Kindern zu widmen. Der weise und gnädige Gott hat für genau diese Bedürfnisse seiner Kinder Zeit freigehalten. Er gebot, daß einer von sieben Tagen ausgesondert und dem Herrn geweiht werden soll."

Dieser Tag heißt Sabbat, und nach Gottes Willen sollen ihn alle Gläubigen halten.

3

Kein Tag wie jeder andere

Es gibt natürlich auch Christen, die den Sabbat schon jahre- und jahrzehntelang halten.

„Die Menschen, die im Sabbat ein Zeichen für die Schöpfer- und Erlösermacht Christi sehen", so ein adventistisches Buch Anfang des 20. Jahrhunderts, „werden ihre helle Freude an diesem Tag haben. Im Sabbat erkennen sie Christus, und deswegen sind sie begeistert. Der Sabbat erinnert sie an die Entstehung der Erde, und das Wissen um die Schöpfermacht Gottes macht ihnen Mut, genauso auf seine erlösende Macht zu vertrauen. An diesem Tag denken sie zurück an den Frieden, den der Mensch einst in Eden zurücklassen mußte, aber auch an den Frieden, den der Erlöser neu für diese Welt erkämpft hat. Und die ganze ... Natur scheint ihnen seine Einladung zuzurufen: ‚Kommt her zu mir, alle, die ihr mühselig und beladen seid; ich will euch erquicken.' (Matthäus 11,28)"[4]

Kardinal James Gibbon, ein Vertreter der Kirche, die den Sonntag als Feiertag in die Christenheit eingeführt hat, schrieb um dieselbe Zeit: „Die Einrichtung des Sabbats [gemeint ist der Sonntag] hat mehr zum Frieden und zur Eintracht in der Welt beigetragen als Armeen oder Elitetruppen."[5]

James P. Wesberry, Vorstandsvorsitzender der amerikanischen Organisation „Lord's Day Alliance", sagt: „Der Tag des Herrn ist Dreh- und Angelpunkt unserer Nation. Was wäre Amerika ohne den Sabbat? Unsere berühmten Prediger und Kirchen sind nur ein Grund dafür, daß unser Land so glanzvoll aufgestiegen ist. Der andere Grund ist unsere treue Sabbatheiligung."[6]

Man sieht, daß schon die Leute früherer Zeiten etwas vom Segen des Sabbats wußten. Aber noch nie war unter Christen das Interesse am Ruhetag so groß wie heute. Ein neues Bewußtsein entsteht und wirft Fragen auf:

Warum Sabbat halten? Was bringt mir das? Ist der Samstag oder der Sonntag der biblische Sabbat oder spielt das gar keine Rolle? Haben Jesus und die Apostel nicht den Sonntag eingeführt? Sollte nicht letztlich jeder selbst entscheiden, welchen Tag er hält? Wie macht man das: Sabbat halten? Welchen Sinn hat es, einen Tag der Woche zu etwas Besonderem zu machen?

Wie die Antworten auch ausfallen mögen, es wird immer Befürworter und Gegner geben. Doch was macht das schon? Ich schreibe dieses Buch aus einem ganz bestimmten Blickwinkel. Möglicherweise schenkt Ihnen der Geist Gottes durch die hier vorgetragenen Gedanken neue Einsichten. Sollte das der Fall sein, wäre das ein Anlaß zur Dankbarkeit.

Geschieht das nicht, gibt es dennoch keinen Grund, sich als Richter über den anderen aufzuspielen. Selbst bei unterschiedlicher Überzeugung kann uns eins einen: Die Liebe Gottes! Der Apostel Johannes schrieb: „...denn die Liebe ist von Gott, und wer liebt, der ist von Gott geboren und kennt Gott." (1. Johannes 4,7)

Ohne Liebe, denke ich mir, ist es völlig gleichgültig, welchen Tag wir feiern – heilig wird er dann nämlich nicht mehr sein.

4

Den Sabbat erleben

Der Sabbat ist das, was man aus ihm macht. Er hat etwas zu tun mit der Erlösung, mit der Gegenwart und Zukunft – genaugenommen mit unserer gesamten Existenz. Seit jeher haben Theologen ihn analysiert und über ihn diskutiert. Doch der Sabbat ist mehr als ein uralter Gegenstand theoretischer Erörterungen, er will erfahren werden. Erst wenn er für uns zum Erlebnis wird, verstehen wir ihn in seinem innersten Wesen.

Es ist etwa so wie mit dem Evangelium. Über die Erlösung durch Christus ist unglaublich viel gesagt und geschrieben worden. Aber wenn mich Gottes Geist nicht von innen her umwandelt – die Bibel nennt das Wiedergeburt –, wenn mir nicht wirklich bewußt geworden ist, was dieser am Kreuz sterbende Erlöser mit meiner persönlichen Schuld zu tun hat, wenn ich noch nie das Erlebnis der Vergebung hatte, dann ist das Evangelium vielleicht eine edle Sache für andere, aber bestimmt nichts für mich.

„Wie kann ein Mensch geboren werden, wenn er alt ist?" fragte Nikodemus, einer der führenden Köpfe Israels zur Zeit Jesu. „Kann er denn wieder in seiner Mutter Leib gehen und geboren werden?" (Johannes 3,4) Nikodemus war ein hochgebildeter Jude, aber er war nicht wiedergeboren. Seine akademische Ausbildung verschaffte ihm hohes Ansehen, aber sie konnte ihm nicht helfen, den eigentlichen Sinn aller Theologie, nämlich die Erlösung, zu erfassen.

„Da wir nun gerecht geworden sind durch den Glauben, haben wir Frieden mit Gott durch unsern Herrn Jesus Christus." (Römer 5,1) Was Paulus hier ausdrückt, ist nicht einfach nur die gelehrte Schlußfolgerung aus seinen biblischen Studien. Hier redet einer, der die niederschmetternde, aber zugleich heilsame Macht einer Begegnung mit Jesus Christus persönlich erfahren hatte! Erst dann ging ihm auf, was Rechtfertigung und Friede mit Gott bedeuten.

Während im Jerusalemer Tempel immer noch das Blut von Stieren und Widdern floß, hatte Paulus erkannt, daß diese kultischen Handlungen nicht mehr religiösen Wert hatten als das Abstechen von Schlachttieren durch den Metzger. Er war Jesus begegnet, und diese Erfahrung enthüllte ihm die wahre Bedeutung aller Opferhandlungen: Sie waren ein symbolischer Hinweis auf Christus, der kommen würde, um sein Leben zur Vergebung der Sünden hinzugeben.

Viele, die wie Paulus zu den Füßen jüdischer Gelehrter gesessen hatten, meinten, Gott durch fromme Rituale gnädig stimmen zu können. Paulus jedoch hatte begriffen, daß allein der Glaube an Christus den Weg zu Gott ebnet. Sein Christuserlebnis vor den Toren von Damaskus hatte ihn hinter die Kulissen von Formen und Zeremonien blicken lassen. Als die meisten Israeliten noch sehnsüchtig nach dem verheißenen Messias Ausschau hielten, wußte Paulus, daß er ihm schon begegnet war.

Andererseits ist es gerade die Theologie, mit deren Hilfe wir unsere Erfahrungen erst richtig einordnen können. Nach seiner Bekehrung durchforschte Paulus die Heiligen Schriften und fand heraus, daß sämtliche messianischen Vorhersagen sowie der symbolische Tempeldienst tatsächlich auf Jesus von Nazareth hinwiesen.

Was er zuvor erlebt hatte, wurde durch Gottes Wort bestätigt und erklärt. Die Erfahrung und die Theologie gehören zusammen, sie ergänzen einander, bestätigen und korrigieren sich gegenseitig und bilden so gemeinsam das Fundament des Glaubens.

Theologie ohne das persönliche Erleben kann zu kaltem, blutleerem Formalismus führen. Und Erfahrungen ohne Theologie enden häufig in Fanatismus oder Chaos.

Genauso ist es mit dem Sabbat. Gott möchte, daß wir den Sabbat „Lust" nennen (Jesaja 58,13), doch wie soll das funktionieren, wenn wir mit diesem Tag keine beglückenden Erfahrungen gemacht haben?

Theologie allein hilft da nicht weiter. Erst wenn der Sabbat zu einer persönlichen Erfahrung wird, zu einer frohmachenden Zeit, die von der theologischen Idee und Absicht wie von einem Rahmen zusammengehalten wird, werden wir „Lust auf den Sabbat" haben.

5

Der Sabbat – ein Zeichen

Wenn der Freitag zur Neige geht und der Sabbat beginnt, wende ich mich mit meiner Familie anbetend Gott zu. Das ist mir schon oft zu einer glaubensstärkenden Erfahrung geworden.

Wenn das verlöschende Licht der Sonne den Sabbat ankündigt, gehen meine Gedanken manchmal zurück zu jenem ersten Sabbat, an dem Gott selbst ruhte. „So vollendete Gott am siebenten Tage seine Werke, die er machte, und ruhte am siebenten Tage von allen seinen Werken, die er gemacht hatte." (1. Mose 2,2)

Welch ein Gefühl! Zwar trennen mich Jahrtausende von dem Augenblick, da Gott die Schöpfung mit der Sabbatruhe abschloß, aber für einen Moment scheint der zeitliche Abstand zwischen damals und heute weggewischt zu sein, sobald ich mich anschicke, den Sabbat zu feiern.

Bei solchen Gelegenheiten erscheint mir die Schöpfung nicht als etwas, das sich vor unendlich langer Zeit einmal im Kosmos zugetragen hat, sondern sie gewinnt Bedeutung für mein persönliches Leben jetzt und hier.

Am Beginn des Sabbats spüre ich deutlicher als sonst, daß ich ein Geschöpf Gottes bin, und ich fühle mich hingezogen zu dem, dessen Hand mich geformt hat: Christus.

Was mich die ganze Woche über in Atem gehalten hat – der Chef, die Rechnungen, der ganze Ärger –, das kann ich jetzt getrost hinter mir lassen. Wie ein frischer Wind vertreibt der Sabbat die verbrauchte Luft des Alltags aus den Zimmern meiner Seele und rückt für vierundzwanzig Stunden Jesus in den Mittelpunkt.

Heutzutage leben erschreckend viele Menschen ohne Sinn, ohne Hoffnung, ohne Gott. Sie haben nichts, für das es sich lohnen würde weiterzumachen. Wie soll jemand auch ein Ziel haben, wenn er nicht weiß, woher er kommt, wer er ist und wohin er geht? Was ist das für eine Lebensphilosophie, die von den beiden Eckpunkten bestimmt wird: Irgendwann zufällig ins Dasein geworfen und ein paar Jahrzehnte später ebenso zufällig aus der Kurve geschleudert? Und wenn die Zeit dazwischen mit Bitterkeit, Enttäuschungen und Leid angefüllt ist, wird alles noch sinnloser.

Wieviel Beachtung verdient jemand, der nichts weiter als eine Laune der Natur ist? Wieviel Würde hat er? Kein Wunder, daß viele Menschen zu Maskenträgern geworden sind, denn wer könnte auf die Dauer die Leere in den eigenen Augen ertragen?

Wie befreiend ist da die von der Schöpfung ausgehende Botschaft, daß sich unser Leben nicht sinn- und ziellos im Diesseits totzulaufen braucht, weil Gott jeden Menschen als sein Geschöpf, genauer: als sein Kind betrachtet. Und eben daran will uns jeder siebte Tag der Woche, der Sabbat, erinnern.

George Elliott hat diese Sicht sehr schön ausgedrückt: „Gegen den Atheismus, der die Existenz eines persönlichen Gottes leugnet, gegen den Materialismus, der die Verwurzelung des Sichtbaren im Unsichtbaren verneint, und gegen den Säkularismus, der kein höheres, über dem Menschen stehendes Wesen anerkennt, steht der Sabbat als niemals verstummender Zeuge.

Er ist die Gedächtnisstätte jener Schöpfermacht, die sprach, und es stand da, jener Weisheit, die die Natur in harmonisch verzahnten Kreisläufen ordnete, und jener Liebe, die dann überall die Vollkommenheit des eigenen Werkes erblickte. Er ist das ewige Bollwerk gegen Zweifel, die überall nur Unglauben hervorgebracht haben, oder den nach eigenem Gutdünken zurechtgezimmerten Gott."[7]

Sabbat bedeutet ein Stück Heimweh, das wöchentliche Erinnern daran, daß wir zu Gott gehören, als Geschöpfe genauso wie als Erlöste. Wir sind dem Schöpfer soviel wert, daß er uns „teuer erkauft" (1. Korinther 7,23) hat „mit dem teuren Blut Christi" (1. Petrus 1,19).

Der Sabbat deutet auf die Geburtsstunde der Menschheit hin, und durch ihn erfahren wir nicht nur, wer wir sind – nämlich Geschöpfe aus Gottes Hand –, sondern auch, welches Ziel unser Dasein hat: unvergängliches Leben in Gottes neuer Welt.

Der Sabbat gibt dem Leben eine klare und sinnvolle Richtung, indem er uns mit Jesus Christus in Berührung bringt, „denn in ihm leben, weben und sind wir" (Apostelgeschichte 17,28). Kein Wunder, daß Norman Vincent Peale über seine frühen Erfahrungen mit dem Sabbat sagen konnte: „Der Sonntag gab unserem Dasein erst Sinn und Bedeutung."[8]

Wenn man wirklich *erleben* will, wie bedeutsam und unverzichtbar der Sabbat für den Glauben an Jesus ist, darf man sich nicht nur auf theologische Dogmen verlassen oder mit der Analyse biblischer Belegtexte begnügen – man muß ihn halten.

Ich muß den Sabbat schon selber halten, um zu erleben, wie er meine Beziehung zu Jesus bereichert. Ich muß den Sabbat schon selber halten, um die Freude zu erleben, die er vermitteln will. Ich muß den Sabbat schon selber halten, um zu verstehen, was Jesus meinte, als er sagte: „Der Sabbat ist um des Menschen willen gemacht." (Markus 2,27)

6

Zeit zum Aufatmen

„Kommt her zu mir", sagte Jesus, „alle, die ihr mühselig und beladen seid; ich will euch erquicken." (Matthäus 11,28) Einer der vielen Wege Gottes, dieses Versprechen einzulösen, ist zweifellos der Sabbat.

In ihrem Buch „Keeping the Sabbath Wholly" beschreibt Marva J. Dawn ihre persönlichen Erfahrungen mit dem Sabbat. Sie erzählt, wie Jesus sie durch diesen Ruhetag beschenkte, als sie im Rahmen ihrer Promotion zum Doktor der Philosophie gleichzeitig drei Fremdsprachen lernen mußte.

„Die einzige Möglichkeit, an Latein, Französisch und Deutsch gleichermaßen dranzubleiben, war ein strikter Zeitplan, der um sechs Uhr morgens begann." Marva Dawn nahm sich erst eine Sprache vor, dann die nächste, ging in die Vorlesung und lernte die dritte Sprache, sobald sie wieder zu Hause war.

Abends gegen elf Uhr fiel sie „wie tot ins Bett". Dieses unglaubliche Arbeitspensum war nötig, so schreibt sie, denn „nach nur sechs Wochen Unterricht wurde in einem zweistündigen Test in jeder Sprache ein Vokabular von 2000 Worten abgefragt".

Nach ihrer Ansicht war es allein der Sabbat, „die Vorfreude, das Feiern, das innere Aufatmen", das ihr die nötige Kraft und Ausdauer für diesen Kraftakt gegeben hat. „Wenn die Woche zu Ende ging, war der Gedanke an den kommenden Sabbat eine starke Ermutigung durchzuhalten, und wenn ich in eine neue Arbeitswoche startete, zehrte ich von dem Frieden des hinter mir liegenden Ruhetags ...Dieser Tag war für mich in jenem Sommer eine unvergleichliche Wohltat." [9]

Marva – in dieser Zeit wirklich „mühselig und beladen" – erlebte ganz praktisch, wie Christus sie durch den Sabbat segnete.

In einem Winter war ich im Süden des amerikanischen Bundesstaats Alabama dabei, Kiefern zu pflanzen. Säckeweise schleppte ich die Setzlinge auf dem Rücken zu dem Ort, wo sie gepflanzt werden sollten. Ich pflanzte damals viele Hundert Bäumchen pro Tag, indem ich eine Hacke in den Boden wuchtete, mich bückte, um das Pflänzchen einzusetzen, und schließlich mit dem Fuß die Erde zurückschob und festtrat. Tausendmal dieselben Handgriffe.

Unser Trupp begann beim ersten Hahnenschrei mit der Arbeit, und bis zur Abenddämmerung pflanzten wir auf Hügeln und an Abhängen, kämpften uns durch Dickicht und Gestrüpp, schwangen die Spitzhacken, bückten uns nieder, setzten die Bäumchen und traten die Erde fest. Abends kamen wir völlig ausgelaugt zum Lager zurück. Ich kann mich nicht erinnern, daß ich mich jemals so nach dem Sabbat gesehnt habe wie damals.

Am Freitag machte ich schon einige Stunden vor Sonnenuntergang Schluß, um mich auf den Sabbat vorzubereiten. Ich wollte die Ruhe und den Segen dieser heiligen Zeit voll genießen und nicht noch mit Waschen, Einkaufen und sonstiger Arbeit beschäftigt sein, wenn der Sabbat begann.

Damals wurde mir klar, daß ein Gesichtspunkt des Sabbatsegens darin besteht, den Menschen vor sich selbst zu schützen. Trotz der Schwerstarbeit liebäugelte ich manchmal mit dem Gedanken durchzuarbeiten, um noch mehr Geld zu verdienen. Unzählige rackern sich ohne Ruhepause ab, bis sie so ausgebrannt sind, daß sie ihren Reichtum gar nicht mehr genießen können. Viele wollen immer nur haben, mehr und mehr und mehr, und sie merken dabei nicht, daß die Sucht nach materiellen Dingen sie zu Gefangenen ihrer selbst macht.

Diesem Teufelskreis von Gier und Geiz, dem rastlosen Tätigsein und dem Sichverlieren im Diesseitigen setzt Gott den Sabbat entgegen. „Die Sabbatruhe befreit von Habsucht", schrieb der Theologe Samuele Bacchiocchi. „Am Sabbat lernt das Herz Dankbarkeit – einen Tag lang nicht immer noch mehr [Dinge] anhäufen, sondern statt dessen einmal dankbar betrachten, wieviel man schon von Gott erhalten hat." [10]

Rabbi Abraham Josua Heschel hat diesen Zusammenhang klar zum Ausdruck gebracht, indem er das Sabbatgebot mit dem zehnten Gebot, das sich gegen die Habsucht wendet, verknüpfte. Nach seinem Verständnis soll der Sabbat die Menschen nicht nur von der Tyrannei des Zeitdrucks befreien, sondern auch von der Habgier. „Jeder weiß, daß man schlechte Eigenschaften nicht durch schriftliche Erlasse bekämpfen kann. Das zehnte Gebot wäre daher ziemlich wirkungslos ohne dieses andere, das vom Umfang her ein Drittel des Dekalogs ausmacht und im Mittelpunkt aller Gebote steht: das Sabbatgebot." [11]

In jedem von uns steckt ein Stück unersättliches Ich. Möglicherweise ist das einer der Gründe, warum Gott die Sabbatruhe nicht nur empfiehlt, sondern gebietet. Er möchte nicht, daß wir uns völlig darin verlieren, unser Ich zu hätscheln und zu pflegen. Das würde nicht nur anderen schaden, sondern vor allem uns selbst.

Wenn Gott uns bezüglich des Sabbats in die Pflicht nimmt, dann hat das auch eine gewisse Schutzfunktion – wie er beispielsweise durch das sechste und siebente Gebot unser Leben und unsere Ehe schützen will. Leider haben viele Christen die Bedeutung des Sabbats als Heilmittel gegen den Egoismus noch nicht erkannt.

Gott will, daß wir einmal in der Woche Arbeit und Karriere außen vor lassen sollen, um die Hände und Gedanken frei zu bekommen für seine geistlichen Angebote. Die Tatsache, daß dem wöchentlichen Ruhetag in unserer Gesellschaft nicht die von Gott gewünschte Beachtung geschenkt wird, deutet darauf hin, daß die meisten Menschen sich beim Verfolgen ihrer Ziele nicht gern stören lassen – schon gar nicht von Gott. Sie sind fasziniert von den Angeboten dieser Welt und wollen das, was ihnen gefällt, möglichst sofort. Da kann die von Gott verordnete schöpferische Pause nur hinderlich sein, denken sie.

Wer das Sabbatgebot dagegen ernst nimmt, wird erleben, daß er frei wird von äußeren und inneren Zwängen – frei vor allem davon, daß sich alles immer nur um ihn drehen muß. Das erlangt man allerdings nicht durch theologische Vorlesungen oder Predigten über den Sabbat, sondern durch die persönliche Erfahrung, daß jede Woche neu Stille und Frieden in mein Leben einziehen, daß ich mit gutem Gewissen ruhen darf, daß alles andere warten kann. Mag man das Sabbatgebot auch noch so mit Schlagworten wie „Freiheit in Christus" abzuschwächen versuchen: Tatsache ist, daß die Übertretung des vierten Gebotes uns auf die eine oder andere Weise versklavt, während das Heiligen des Sabbats den Menschen in die Weite führt.

„Wer Sünde tut, der ist der Sünde Knecht", sagte Jesus (Johannes 8,34) – und wer wollte behaupten, daß dies nichts mit dem Sabbat zu tun hat? Jesus ist gekommen, um uns die Freiheit zu schenken; und „wenn euch nun der Sohn frei macht, so seid ihr wirklich frei" (Johannes 8,36). Der Sabbat ist nicht nur ein Zeichen dieser Freiheit in Christus, sondern auch der Schlüssel dazu, sie ganz praktisch zu erfahren.

7

Ich bin so frei

Eines Abends war ich mit einigen Christen zusammen und beklagte dabei die Tatsache, daß die Ehe und der Sabbat – beides Geschenke aus dem Paradies – so sträflich mißachtet würden. Und zwar nicht nur von weltlich gesinnten Menschen, sondern auch von vielen Gläubigen. Eine junge Frau ärgerte sich darüber und entgegnete im Blick auf den Sabbat erregt: „In Christus sind wir davon doch frei!"

Angesichts dieses Einwands frage ich mich natürlich: Schließt die Freiheit in Christus die Heiligung des Sabbats aus? Und wenn das so ist: Warum? Alles, was ich in dieser Hinsicht bisher gehört habe, überzeugt mich nicht. Nach wie vor ist es doch so, daß unter gläubigen Christen, welcher Kirche sie auch angehören mögen, Ehebruch, Mord oder das Mißachten irgend eines anderen Gebotes als Sünde bezeichnet wird.

Warum sollte das nur in einem Fall, nämlich in bezug auf den Sabbat, anders sein? Es ist schwer einzusehen, wieso neun Gebote des Dekalogs allgemein verbindlich sein sollen, die Mißachtung des Sabbats dagegen zum Symbol „christlicher Freiheit" erhoben wird.

Die Reaktion der jungen Frau zeigte mir, daß „Sabbat" und „Gesetzlichkeit" von vielen immer noch in einen Topf geworfen werden.

Vor zweitausend Jahren hatten die Pharisäer den Ruhetag durch ihre frommen Vorschriften tatsächlich zu einer schweren Bürde gemacht. Doch deswegen erklärte Jesus das Sabbatgebot nicht für ungültig, sondern bemühte sich nur, das von Menschen gemachte Joch von den Schultern des Volkes zu nehmen. Die

Tatsache, daß der Sabbat in der Vergangenheit gesetzlich mißbraucht worden ist, kann doch kein Grund dafür sein, ihn heute abzulehnen. Das wäre ungefähr so sinnvoll, als würde man sich weigern, ein lebenswichtiges Medikament zu nehmen, nur weil es Bestandteile enthält, die im Mittelalter – unsachgemäß angewendet – Menschen das Leben gekostet haben.

Es ist tragisch, daß mancher ausgerechnet beim Sabbatgebot sofort an starre Gesetzlichkeit denkt, obwohl es von allen Zehn Geboten am eindrucksvollsten die Freiheit in Christus verkörpert. Der Sabbat öffnet dem Gläubigen den Blick für die befreiende Kraft des Evangeliums. Er ist alles andere als ein gesetzlicher Klotz am Bein. Die Sabbatruhe ist das wöchentliche Siegel der neuen Freiheit durch Christus.

Der Sabbat sorgt dafür, daß wir wenigstens einmal in der Woche aufhören, uns um offene Rechnungen, Ärger in der Firma, lästige Verpflichtungen oder den ganzen Kleinkram des Alltags zu kümmern. Er läßt die Sorgen des täglichen Lebens von uns abfallen, nimmt den Druck von uns und macht uns frei für uns selbst, für den Mitmenschen und für Gott.

Echtes Sabbathalten gibt uns ein Gefühl des Geborgenseins in Christus. Es zeigt, daß wir in dieser Welt leben und doch nicht „weltlich" sind. Sabbathalten bedeutet Vertrauen zu Jesus. Wir müssen uns nicht pausenlos im Geschirr unserer Wünsche und Pläne abrackern. Unser Glaube an Christus macht uns frei, das Geschenk des Sabbats in Ruhe zu genießen.

Welches andere Gebot wäre solch eine Insel im Meer des geschäftigen Alltags? Welches andere Gebot ist Grund für uns zu sagen: „Ich gehöre Gott; er hat mich nicht nur geschaffen, sondern auch erlöst, und einen ganzen Tag lang will ich einfach nur darüber glücklich sein, daß es mich gibt und daß ich erlöst bin"?

Der Sabbat ist das Tor zum Erleben der Freiheit in Christus. Den Sabbat muß man „leben", um seine pulsierende Freude und Befreiung zu erfahren. Wenn wir Sabbat feiern, nehmen unsere Hände eine wertvolle Gabe Gottes an diese Welt entgegen. Der Sabbat weckt uns das Verständnis dafür, wie sehr Gott seine Geschöpfe liebt. Das vierte Gebot schenkt Freiheit und eine tiefe Liebe und Begeisterung für den Schöpfer.

„Welch eine erstaunliche Fürsorge Gottes der Sabbat doch offenbart!" schreibt Samuele Bacchiocchi. „Er ist das Herzstück von Gottes Plan für die Freiheit des Menschen: Freiheit von der Tyrannei der Arbeit, Freiheit von Ausbeutung ohne Rücksicht auf Verluste, Freiheit von der Vergötterung des Menschen oder der Materie, Freiheit von Unersättlichkeit – und Freiheit für göttlichen Segen, um mit aufgefüllten Energiereserven und frischer Kraft den Herausforderungen der neuen Woche zu begegnen."[12]

Der Schweizer Theologe Karl Barth stellte fest: „Den Feiertag zu heiligen bedeutet auch, die Freiheit zu haben, Gott in der Gemeinde zu loben und zu verehren, zu bezeugen und zu verkünden, gemeinsam zu danken und Fürbitte zu tun. Der Segen und Nutzen des Feiertags hängt ganz sicher auch davon ab, inwieweit diese Freiheit in Anspruch genommen wird."[13]

Wer die Frage stellt: „Und was ist mit all dem, was am Sabbat verboten ist?", der hat die Bedeutung dieses Tages noch nicht verstanden. Die Frage ist nämlich nicht: „Was darf ich nicht tun?" sondern: „Was *brauche ich nicht* zu tun?"

Dafür ein ganz persönliches Beispiel. Sechsmal die Woche hole ich morgens meine Zeitung aus dem Postkasten. Wenn ich sie lese, muß ich nicht nur mein Frühstück verdauen, sondern auch noch die tägliche Portion an Mord, Totschlag und dergleichen. Aber am siebten Morgen ist der Sabbat des Herrn, meines Gottes, da gönne ich mir Ruhe vor Skandalen, Verbrechen und Krieg. Heute, am heiligen Sabbat, müssen die neuesten Nachrichten warten, denn ich will mich in Gedanken mit anderen Dingen beschäftigen.

Der Verzicht auf die morgendliche Zeitungslektüre macht natürlich noch keinen Sabbat, und doch veranschaulicht dieses Beispiel für mich einen wesentlichen Sinn dieses Tages. Wenn wir das Prinzip dahinter erfassen und auf viele andere „Kleinigkeiten" übertragen, werden wir erleben, wie der Sabbat uns freimacht für eine ganz besondere Erfahrung mit Gott.

Gott weiß, wieviel wir zu tun haben. Deshalb gibt er uns von sieben Tagen sechs, damit wir uns all diesen Dingen widmen können. Mag sein, daß diese sechs Tage mitunter noch zu kurz sind, um alles schaffen zu können, was getan werden müßte; vor allem dann, wenn unvorhergesehene Ereignisse unseren Zeitplan durcheinanderbringen.

Hinzu kommt, daß wir ja auch in der Woche die Verbindung zu Gott nicht abreißen lassen wollen. Wir möchten uns Zeit nehmen zum Gebet und zum Lesen des Wortes Gottes, aber oft gelingt uns das im Getriebe des Alltags nicht so recht. Weil Gott das schon im voraus wußte, hat er uns den Sabbat gegeben.

Das ist der einzige Tag, an dem wir uns von den Verpflichtungen des Alltags freimachen sollen und können, um innerlich aufzuatmen und uns ungehindert Gott und den Menschen zuzuwenden. Das ist wohl auch der Grund, warum der Sabbat häufig „Tag des Herrn" genannt wird. Der Sabbat ist wirklich ein Tag der Freude und Freiheit. Durch Jesus sind wir frei, und der Sabbat ist ein Schlüssel zu dieser Freiheit.

8

Ohne Worte

„Du kannst die Tiere und die Vögel fragen, du würdest einiges von ihnen lernen. Die Erde sagt es dir, wenn du sie fragst, die Fische wüßten vieles zu erzählen. Die ganze Schöpfung weiß es, spricht es aus: ‚Dies alles hat die Hand des Herrn gemacht!‘ " (Hiob 12,7-10 GN)

Wir müssen nicht einmal mit ihnen sprechen oder ihnen Fragen stellen, den Bergen, der Forelle, dem Adler oder dem Wild. Sie reden ganz von selbst. Ob es nun eine Landschaft wie ein Gedicht ist, ein Rudel Rotwild oder das Lied eines plätschernden Bergbachs, überall kündet die Natur davon: „Das alles hat die Hand des Herrn gemacht."

Weil Jesus „Himmel und Erde und Meer und die Wasserquellen gemacht hat" (Offenbarung 14,7), beten Christen ihn an. Unaufhörlich macht die Schöpfung die göttliche Predigt hörbar, „daß alles, was man sieht, aus nichts geworden ist" (Hebräer 11,3). „Kein Wort wird gesprochen, kein Laut ist zu hören" (Psalm 19,4 GN) und doch ist die himmlische Botschaft klar verständlich.

Die Wunderwerke der Natur sind ein so beredtes Zeugnis für die Existenz Gottes, daß der Apostel Paulus sagen konnte, daß selbst Menschen, die noch nicht einmal den Namen „Jesus" kennen, vor Gottes Gericht „keine Entschuldigung" haben werden, „denn Gottes unsichtbares Wesen, das ist seine ewige Kraft und Gottheit, wird seit der Schöpfung der Welt ersehen aus seinen Werken, wenn man sie wahrnimmt" (Römer 1,20).

Gott möchte, daß wir durch die Natur mehr von seinem Wesen begreifen. Von allen Geboten ist es allein das vierte, das dafür konkret Raum schafft. Der Sabbat ist fast gleichzeitig mit der Erde entstanden; er erinnert nicht nur an die Schöpfung, sondern schenkt uns auch die Zeit, ihre Geheimnisse zu studieren.

Anfang der 1980er Jahre wohnte ich im Bundesstaat Georgia in einem ländlich geprägten Tal. Ich hatte gerade ein atemberaubendes Bekehrungserlebnis hinter mir.[14] Wenn ich sabbats für mich allein war, kletterte ich über den Zaun und spazierte eine Sandpiste hinunter, die von Bäumen und wild wachsenden Himbeersträuchern gesäumt war.

Nach einer Weile ließ ich die von Dornen gesäumte Allee hinter mir. Vor meinen Augen öffnete sich ein lila-gelbes, in helles Licht getauchtes Blumenmeer. Die warmen Sonnenstrahlen umspülten mich, nur von Zeit zu Zeit angenehm unterbrochen durch eine kühle Brise. Die Berge formten einen Wall aus Bäumen und Klippen, über dem der saphirfarbene Himmel thronte und zu dessen Füßen sich ein Bach seinen Weg durch die Wälder bahnte.

Nur am Sabbat hatte ich die Zeit, an diesen Ort zu entfliehen, mit dem mich unvergeßliche Erlebnisse mit Gott verbinden.

An diesen Sabbaten auf der violetten Blumenwiese lernte ich Jesus zum ersten Mal persönlich kennen. Theologische Erwägungen ließ ich damals beiseite. Während ich so dasaß und meine Gedanken und Empfindungen ganz von der Schönheit des Augenblicks gefangen nehmen ließ, wuchs in mir die Überzeugung, daß Gott nicht nur existiert, sondern auch liebevoll und einfühlsam sein muß. Nur ein liebender und mitfühlender Gott konnte solche Wunder vollbringen, wie ich sie um mich herum wahrnahm.

Manchmal, während ich dort friedlich auf einer Wiese saß und meine Augen und Ohren all die Eindrücke aufsogen, wunderte ich mich, Gottes Handschrift in der Natur nicht schon viel früher wahrgenommen zu haben. Warum war ich bloß so blind gewesen?

Immer wieder pries ich meinen Schöpfer und Erlöser, während die Vögel im Hintergrund den Gesang zu meinem Gottesdienst beisteuerten und die Kühe um mich herum friedlich grasten. Zuweilen spürte ich Jesu Nähe so deutlich, daß ich mich in der Gesellschaft himmlischer Engel wähnte.

Ich war noch nicht lange gläubig, und ab und zu zogen noch die Schatten des Zweifels am Horizont meines Christenlebens auf. Dann dachte ich: *Herr, ich liebe dich. Ich möchte dir dienen, weil ich sehe, daß du ein guter Gott bist. Aber wie kann ich sicher sein, daß ich wirklich dir diene, dem Schöpfer der Welt? Denn nur diesem Gott will ich dienen. Wie kann ich wirklich ganz sicher sein?*

Wie ein Blitz schoß mir im nächsten Moment ein Wort durch den Kopf: Sabbat! Natürlich, was sonst! Weil dieses Gebot auf Gott als Schöpfer hinweist, zeigen alle, die den Sabbat halten, daß sie Gefolgsleute dieses Schöpfers sein wollen. Plötzlich begriff ich, daß der Sabbat von Anfang an als Zeichen dafür gedacht sein mußte, daß die Welt aus Gottes Hand hervorgegangen ist.

Die Heiligung des Sabbats ist der Beweis dafür, daß wir den anbeten, der „Himmel und Erde und Meer und die Wasserquellen gemacht hat" (Offenbarung 14,7). Als ich das begriffen hatte, waren die Schatten des Zweifels und der Unsicherheit verschwunden.

Noch nie war ich mir meiner Sündhaftigkeit und Verdorbenheit so bewußt gewesen wie damals. Nun erst ging mir auf, wie tief die Kluft zwischen mir und Gott tatsächlich war, und wie hoffnungslos sich all mein Bemühen ausnahm, sie von mir aus zu überbrükken. Verstört betete ich: *O Gott, wie ist es nur möglich, daß du ausgerechnet mich angenommen hast?* Ich hatte noch nicht zu Ende gedacht, da wurde mir schlagartig die Antwort klar: Das Kreuz.

Rechtfertigung durch den Glauben war für mich damals durchaus kein Fremdwort mehr. Ich hatte alle Bibelstellen über den Sühnetod und die Verdienste Christi gelesen und akzeptiert. Theoretisch war mir klar, daß Christus für mich am Kreuz gestorben war und daß mir Rechtfertigung und Vergebung nur durch den Glauben an dieses stellvertretende Opfer zugesprochen worden waren.

Ich hatte das alles gewußt, geglaubt und gepredigt. Aber erst an diesem Sabbatnachmittag erfaßte ich wirklich die Dimension meiner Verlorenheit und begriff, daß ich Gott absolut nichts als Gegenleistung anzubieten hatte. Diese Erkenntnis war schmerzlich, doch in dieser Situation erfuhr ich auch, daß ich nicht nur einen Erlöser brauchte, sondern ihn in Christus schon gefunden hatte.

Als ich meine Augen wieder öffnete und weiterging, war mir eins klar: Werke machen mich nicht gerecht vor Gott. Wenn jemand meint, er könne zu seiner Errettung irgend etwas beitragen, kennt er Jesus nicht und hat noch nicht einmal einen Zipfel der Heiligkeit Gottes erspäht. Wäre das der Fall, wüßte er, daß die Kluft zwischen Mensch und Gott genausowenig durch fromme Werke zu überbrücken ist, wie Tierblut in der Lage ist, Sünden zu tilgen.

Seit jener Zeit ist Gerechtigkeit durch Glauben für mich keine abstrakte theologische Größe mehr. Ich habe sie erfahren, und sie ist zum Fundament meines gesamten Lebens mit Christus geworden.

An einem Sabbat erkannte ich, daß ich endlich ausruhen durfte, weil Christus schon alles für mich getan hatte. Damals hatte die Sabbatsonne den Schatten des Kreuzes so deutlich wie noch nie auf meinen Weg geworfen. Ich konnte nichts weiter tun, als vor diesem Kreuz niederzufallen – erschrocken über meine Unwürdigkeit und zugleich jubelnd über Gottes Güte.

Deshalb macht es mich traurig, wenn man mich der Gesetzlichkeit oder Werkgerechtigkeit bezichtigt, weil ich den Sabbat halte. Schließlich hat mir dieser „Tag des Herrn" die Bedeutungslosigkeit der eigenen Werke erst richtig bewußt gemacht.

9

Wenn die Eltern mit den Kindern

Faszination Sabbat! Seine theologischen Facetten leuchten in vielen Farben, und seine Ruhe ist ein Vorgeschmack auf den Himmel. Doch daneben hat der Sabbat auch eine ganz praktische Bedeutung für uns Menschen: Er schafft Zeit für die Familie. Schon das macht ihn in unserer schnellebigen Gesellschaft zu einem kostbaren Geschenk.

Die Familie von heute sieht sich Zerreißproben gegenüber, die früheren Generationen unbekannt waren. Für viele ist der Druck so groß geworden, daß sie daran zerbrochen sind. Da wird jede Unterstützung gebraucht, von welcher Seite sie auch kommen mag.

Eine der wirkungsvollsten Hilfen zur Gesunderhaltung der Familie ist der Sabbat. Er ist ein Geschenk aus dem Paradies. Wenn nach Gottes Ansicht schon der sündlose Mensch einen Tag der Ruhe brauchte, dann trifft das auf uns um so mehr zu!

Sabbatheiligung an sich ist natürlich noch keine Garantie für ein glückliches Zuhause, eine harmonische Ehe oder gläubige Kinder. Ein gemeinsam verbrachter Sabbat ist eher das lebensnotwendige Minimum an Gemeinschaft für die Familie. Aber wenn man nicht einmal das nutzt, steht es nicht gut um das familiäre Zusammenleben. Selbstverständlich zaubert der Sabbat nicht plötzlich eine heile Familie herbei, aber er beschert uns kostbare Zeit, um diesem Ideal ein Stück näherzukommen.

„Was Hänschen nicht lernt, lernt Hans nimmermehr", heißt es im Volksmund. Wenn die frühen Lebensjahre eines Menschen für seine Persönlichkeitsentwicklung tatsächlich so entscheidend sind, dann ist es unerläßlich, daß Eltern und Kinder Zeit füreinander haben.

Ich bin selbst Vater zweier Kinder und weiß den Segen des Sabbats für das Familienleben zu schätzen. Der Sabbat ist für uns eine echte Kraftquelle.

Als wir Kinder bekamen, verzichtete meine Frau bewußt auf Berufstätigkeit, um die Hauptlast der Kindererziehung übernehmen zu können. Meine Aufgabe ist es, den Lebensunterhalt der Familie zu sichern. Ich tue das zum Teil als freier Schriftsteller. Das nimmt mich so in Anspruch, daß ich eigentlich Tag und Nacht arbeiten könnte – manchmal ist das auch wirklich der Fall. Aber am Sabbat bleibt der Bildschirm meines Computers dunkel, denn da bin ich für Frau und Kinder da.

Gäbe es den Sabbat nicht, würde ich wahrscheinlich schreiben und schreiben und schreiben ...Inzwischen habe ich begriffen, warum Gott das Sabbatgebot genauso verbindlich gemacht hat wie das Verbot, die Ehe zu brechen. Er will, „daß du die Gebote des HERRN hältst ...die ich dir heute gebiete, auf daß dir' s wohlgehe" (5. Mose 10,13).

Es wäre allerdings ein Trugschluß zu meinen, das bloße Zeithaben für die Familie mache den Sabbat schon zu etwas Besonderem. Es hat ja auch nichts mit Urlaub zu tun, wenn man zwei Wochen nicht in die Firma geht, weil man krankheitshalber das Bett hüten muß. Es kommt vielmehr darauf an, was wir aus dem Sabbat machen.

Dieser Tag bietet die Chance, die großen und kleinen Belastungen des Alltags einmal ganz auszublenden. Eltern und Kinder können ungestört und ungezwungen füreinander da sein. Das schafft Vertrauen und baut Freundschaft auf.

In unserer Familie heißt das: Niemand arbeitet bis spät in die Nacht am Computer, keiner ist mit dem Wochenendeinkauf beschäftigt, mäht den Rasen oder renoviert das Haus. Statt dessen gehen wir zum Gottesdienst, essen in entspannter Atmosphäre, lachen und spielen miteinander oder wandern – und das machen wir möglichst alles gemeinsam.

Ich gehe gern mit meinem zweijährigen Sohn in den Wald. Dort gibt es keine Ausschußsitzungen und keine Bildschirme. Wir haben alle Zeit der Welt, die Natur zu genießen und im Freien herumzutollen. Die fröhlichen Schreie und das ausgelassene Kinderlachen machen mich glücklich. Gäbe es den Sabbat nicht, würde ich das alles wohl höchst selten erleben. Deshalb ist dieser Tag für mich ein unbezahlbares, heiliges Ausruhen.

Meine Frau und ich versuchen, den Sabbat zu einem besonderen Höhepunkt zu machen, auf den die Familie sich schon die ganze Woche freuen kann. Wir hüten uns davor, ihn für die Kinder zu einem abschreckenden Tag zu machen, an dem man strenge Regeln befolgen muß, um in den Himmel zu kommen.

Sabbatfeiern soll ein Vorgeschmack des Himmels sein, Vorfreude auf die neue Schöpfung, eine Vorfeier unserer endgültigen Erlösung, von der wir hier und jetzt schon etwas schmecken und erleben dürfen.

Das Essen ist für uns am Sabbat kein notwendiges Übel, sondern wichtiger Bestandteil dieses Tages. Der Tisch wird mit dem „guten Porzellan" gedeckt. Fast immer gibt es zum Mittag etwas Besonderes. Wenn es sich einrichten läßt, kocht meine Frau am Freitag vor, damit sabbats die Zeit nicht durch Essenzubereiten ausgefüllt ist.

Wir sind wegen der Kinder im allgemeinen wählerisch bei der Zusammenstellung des Speiseplans. Deshalb gibt es in unserer Familie wenig Näscherei und Süßigkeiten. Aber am Sabbat ist das anders, da steht immer etwas Süßes und Leckeres auf dem Tisch. Oft ist es nur eine Kleinigkeit, aber gerade die vielen kleinen Dinge machen den Sabbat zum Tag des Genießens.

Wenn die Kinder ihren Mittagsschlaf halten, können meine Frau und ich das tun, was während der Woche nur selten gelingt: zwanglos und ohne Zeitdruck beieinander sein. Manchmal legen wir uns ein halbes Stündchen aufs Ohr, oft lesen wir oder hören Musik. Wenn sich ein konkreter Anlaß ergibt, beten wir auch gemeinsam.

Häufig reden wir einfach nur miteinander über Dinge, die uns gerade wichtig sind. Das tut uns beiden gut, denn mangelnde Kommunikation ist ja bekanntlich Gift für eine Ehe. Der Sabbat schafft für uns immer wieder die Zeit und den Raum, auf den anderen zu hören oder sich ihm zu öffnen.

„Die gegenseitige körperliche und seelische Nähe, die Mann und Frau am Sabbat erleben", schreibt Samuele Bacchiocchi, „schafft die Möglichkeit, die Konflikte und den Streß der Woche zu verarbeiten und zu überwinden. Sie erfahren neue Verbundenheit und Hingabe an Gott."[15] Solche Erfahrungen sind nicht mit Gold aufzuwiegen.

Mir scheint, daß Gott die Familie und den Sabbat unlösbar miteinander verknüpft hat. Beide Einrichtungen – Ehe und Sabbat – stammen laut biblischer Aussage direkt aus dem Paradies. In den Zehn Geboten (2. Mose 20) folgt unmittelbar auf das Sabbatgebot die Aufforderung, Vater und Mutter zu ehren.

Die meisten Gebote des Dekalogs sind negativ formuliert: „Du sollst *nicht!*" Das vierte und fünfte Gebot hat einen positiven Wortlaut: „Gedenke" und „Du sollst ehren". Das hat etwas mit dem heiligen Lebensstil zu tun, den Gott verlangt: „Ihr sollt heilig sein, denn ich bin heilig, der HERR, euer Gott. Ein jeder fürchte seine Mutter und seinen Vater. Haltet meine Feiertage; ich bin der HERR, euer Gott." (3. Mose 19,2.3)

Ich glaube nicht, daß die räumliche Nähe dieser beiden Gebote rein zufällig ist. Der Sabbat ist ein „Familiengebot". Indem wir Gott und Christus an diesem Tag nahe kommen, fließt himmlischer Segen auch in unsere Heime.

Jesus hat den Seinen zugesagt, für sie Wohnungen im Himmel vorzubereiten. Ich könnte mir denken, daß er hier nicht nur an Einzelpersonen gedacht hat, sondern auch an ganze Familien. Obwohl wir noch auf dieser alten Erde wohnen, zählt Gott uns schon zu seiner himmlischen Familie. Er möchte, daß wir und unsere Kinder eines Tages für immer in seiner Nähe wohnen (vgl. Epheser 3,15). Der Sabbat scheint mir ein gutes „Training" für diese Zeit zu sein.

Kommt es auf den Tag an?

Inzwischen ist ihnen sicher aufgefallen, daß für mich der Sabbat mit Sonnenuntergang beginnt und auch endet, nämlich von Freitagabend bis Samstagabend, so wie die Bibel den siebten Tag definiert. Auch Samuele Bacchiocchi, eine anerkannte Kapazität in Sachen Sabbat, vertritt diese Ansicht.

Walter Chantry, den ich bereits zitiert habe, glaubt, daß der Sonntag der Sabbat für die Christen ist. Er schreibt: „Der Sonntag als neutestamentlicher Feiertag verkörpert die Verheißung und das Vorrecht der Menschheit, als Sünder an Gottes Ruhe teilzuhaben, weil Jesus Christus sein Erlösungswerk vollendet hat."[16]

Auch die meisten anderen christlichen Autoren, die ich angeführt habe (z. B. Norman Vincent Peale), feiern den Sonntag. James Wesberry bringt die Philosophie der *Lord's Day Alliance* folgendermaßen auf den Punkt:

Es geht um „die göttliche Autorität und universale und zeitlose Verbindlichkeit des Sabbats, die in der Natur und ihren Gesetzen erkennbar ist, im offenbarten Willen Gottes zum Ausdruck gebracht, im vierten Gebot des Sittengesetzes festgehalten, durch unseren Herrn und Erlöser Jesus Christus interpretiert und praktiziert, von Christus und seinen Aposteln auf den christlichen Sabbat oder Herrentag übertragen und durch seine positiven Auswirkungen auf den einzelnen und das ganze Land untermauert ist."[17]

Manche sind auch der Ansicht, daß der Tag an sich gar keine Rolle spielt. „Ich werde mich nicht darüber streiten", schreibt Marva Dawn in ihrem Buch über den Sabbat, „ob der richtige Sabbat der jüdische Samstag, also der siebte Wochentag, ist, oder der Sonntag, den die Urchristen als Herrentag hielten … Wichtig ist allein, daß überhaupt ein Tag regelmäßig als Sabbat gefeiert wird, und diesen Rhythmus von sechs Tagen Arbeit und einem Tag Ruhe wird Gott segnen."[18]

Wer hat recht?

In gewissem Sinne Marva Dawn. Wenn jemand den Sonntag oder einen beliebigen Tag der Woche heilighält, während dieser Zeit seine Alltagsgeschäfte zur Seite legt und das Glück der Erlösung genießt, wird das für ihn ein echter Segen sein. Wenn man die Sabbatregeln einhält, ist das ohne Frage eine Bereicherung. Solange es nur um den Segen des Sabbats geht, spielt der Tag tatsächlich keine Rolle.

Allerdings haben Marva Dawn und andere dabei etwas Entscheidendes übersehen. Gottes Gebote sind verbindlich, das heißt: Gott hat es nicht unserem Belieben überlassen, ob wir den Sonntag, Mittwoch, Freitag oder Samstag feiern. Er hat vielmehr einen ganz bestimmten Tag zum Sabbat gemacht.

Wahrscheinlich würden sich die Theologen aller Glaubensrichtungen entschieden dagegen wehren, wenn jemand den Dienstag oder Donnerstag zum Sabbat machen wollte. Da käme es ihnen dann *doch* auf einen bestimmten Tag an. Tatsächlich richtet sich das theologische Augenmerk in der Christenheit auf zwei Tage: Samstag und Sonntag. Doch vom vierten Gebot her kann nur einer von ihnen der von Gott eingesetzte Sabbat sein.

Wer liegt in dieser Beziehung richtig? Legt Gott Wert auf einen bestimmten Tag? Wenn ja, warum? Wenn nein, warum nicht?

11

Mythos und Wirklichkeit

Am Anfang waren Apsu, der Süßwasserozean, Tiamat, der Salzwasserozean, und Mummu, ihr Sohn. Apsu und Tiamat bekamen Götterkinder, die so viel Lärm verursachten, daß die Eltern heimlich den Entschluß faßten, sie zu vernichten. Ea, ein junger Gott, kam ihnen zuvor und tötete Apsu. Tiamat schwor Rache und gebar elf Ungeheuer, Drachen und Schlangen, die für sie kämpfen sollten, unter ihnen „der große Löwe, der wahnsinnige Hund und der Skorpionmensch".

Die jungen Götter wußten, daß sie Tiamat nicht besiegen konnten, also suchten sie Hilfe bei Marduk. Der versprach, für sie zu kämpfen, wenn sie ihn dafür zum Obersten aller Götter machen würden. Sie waren einverstanden: „Dir gehört das ganze Universum."

Bewaffnet mit Bogen, Netz, Keule, Blitzen, elf Winden und einem Sturmwagen, der von vier furchterregenden, „giftspeienden" Kreaturen gezogen wurde, begab sich Marduk in die Schlacht. Tiamat öffnete ihren Schlund, um ihn zu verschlingen, doch Marduk ließ den Wind hineinfegen, bis „der Sturm ihren Bauch aufblähte". Als sie prall wie eine Kugel war, schoß er einen Pfeil in ihren Mund und sie zerplatzte.

Aus der einen Hälfte des Leichnams schuf Marduk den Himmel, aus der anderen formte er die Erde. Dann verrührte er das Blut eines Kriegers Tiamats mit Lehm und machte daraus den Menschen, der von jetzt an die Aufgaben der getöteten Götter übernehmen sollte.

Soweit die altbabylonische Schöpfungsmythe. Gewiß gab es schon damals Menschen, die nicht an diese Geschichte glauben wollten. Andere hielten sich an eine mesopotamische Variante über die Wurzeln der Menschheit, in der den Untergöttern befohlen worden war, vierzig Jahre lang Kanäle in die Erdoberfläche zu graben. Die wehrten sich dagegen, indem sie alle Werkzeuge verbrannten. Die Obergötter wollten die Widerspenstigen versöhnlich stimmen und schufen den Menschen aus einem Brei von Blut, Lehm und Speichel, damit der die Kanäle graben könnte.

Die Griechen hatten etwas weniger phantastische Vorstellungen als viele ihrer Nachbarn des Nahen Ostens. Für sie war Schöpfung im großen und ganzen das Ergebnis von Geschlechtsverkehr. Gaea, die Erde, entstand aus dem Nichts; Bäume, Himmel, Meer, Tag, Nacht und die Zeit kamen durch unerlaubte sexuelle Verbindungen zustande. Auch Dinge wie Gerechtigkeit, Streit und Tod hatten ihren Ursprung in Göttinnen und Göttern aus Fleisch und Blut. Eros, der Liebesgott, war der Hauptakteur bei der Schöpfung.

Völlig anders als die launischen, brutalen und triebhaften Gottheiten des heidnischen Altertums stellt das erste Buch Mose den allmächtigen Schöpfer vor. Er rief die Welt gezielt ins Dasein, nicht als Nebenprodukt einer blutigen Schlacht zwischen neidischen, rachsüchtigen und gewalttätigen Göttern, sondern bis ins letzte Detail geplant und durchdacht. Gott sprach, „und es geschah so".

In den Schöpfungsberichten der heidnischen Welt werden die Götter durchweg mit menschlichen Eigenschaften dargestellt, z. B. Neid, Stolz, Jähzorn, Selbstsucht, Haß, Hinterhältigkeit. In der Bibel dagegen erhält der Mensch göttliche Eigenschaften: „Gott schuf den Menschen nach seinem Bild, er schuf Mann und Frau." (1. Mose 1,27 GN)

Dem mesopotamischen Mythos gemäß wurde der Mensch für Sklavendienste erschaffen. Die Bibel lehrt, daß der Mensch Krone der Schöpfung ist: „Herrschet über die Fische im Meer und über die Vögel unter dem Himmel und über das Vieh und über alles Getier, das auf Erden kriecht." (1. Mose 1,28)

In den Erzählungen der Heiden sind weder die Welt noch ihre Bewohner makellos, genausowenig wie die Götter, die sie gemacht haben. Die Bibel beschreibt Gott als vollkommen, und ebenso vollkommen geht alles aus seiner Schöpferhand hervor, seien es Menschen, Tiere oder Dinge. Als Gott sprach: „Es werde", da hat er nicht gestottert. „Und Gott sah an alles, was er gemacht hatte, und siehe, es war sehr gut." (1. Mose 1,31)

Die Ansichten der Griechen und Babylonier über die Schöpfung haben heute lediglich historischen Wert. Der biblische Schöpfungsbericht hat alle Mythen überdauert und besteht unverändert, denn seine Wurzeln gehen tiefer.

Man hat versucht, ihn durch Feuer und Schwert auszulöschen oder mit Hilfe von Wissenschaft und Philosophie ad absurdum zu führen. Doch nach wie vor ist die Schöpfungsgeschichte der Bibel in Millionen von Herzen genauso sehr brennende Gewißheit, wie sie es für Mose war, der sie vor Jahrtausenden niederschrieb. Um die babylonischen oder griechischen Schöpfungsmythen kümmern sich heute höchstens noch Historiker.

Mich wundert das nicht, denn die Wurzeln der Menschheit liegen nicht dort, wo sagenhafte Erzählungen sie auszumachen meinen, sondern im schöpferischen Handeln Gottes, wie es auf den ersten Seiten der Bibel geschildert wird.

Ein heiliger Tag

In jeder Religion wird irgend etwas verehrt: Heiligtümer, Städte, Dinge oder auch Menschen. Man küßt geweihte Erde, hängt an den Lippen heiliger Männer, badet in heiligem Wasser. Heiligkeit zum Anfassen und Begreifen, sichtbar und spürbar.

Das Erste, was die Bibel als heilig bezeichnet, ist nicht ein Berg, eine Reliquie, ein Ort oder Mensch, sondern ein Zeitabschnitt: der siebte Tag. „Gott segnete den siebenten Tag und heiligte ihn" (1. Mose 2,3).

Was im Deutschen mit *heiligen* wiedergegeben wird, heißt im hebräischen Original *qadosh*, was soviel bedeutet wie „für einen heiligen Zweck absondern".

Die ganze Schöpfung besteht aus räumlich-dinglichen Objekten: Himmel, Erde, Meer, Tiere – dennoch war es nichts Räumliches, sondern Zeit, die Gott zuerst segnete und heiligte. Das ist durchaus sinnvoll, denn Gottes Schöpfung – Himmel, Erde, Meer, Pflanzen, Tiere und Menschen – existiert nicht nur in den drei Dimensionen des Raums, sondern auch in der Dimension Zeit.

Hätte Gott einen bestimmten Ort, einen Berg, eine Quelle oder eine Stadt geheiligt, gäbe es immer Leute, die diesen Bereich niemals aufsuchen könnten. Zu einem Tag müssen wir nicht hingehen – er kommt zu uns.

Jede Woche einmal kreist der Sabbat mit einer Geschwindigkeit von 1700 Kilometern pro Stunde um den Erdball. Bei Sonnenuntergang kommt er, flutet wie reinigendes Wasser über unseren Planeten und geht wieder, wenn der Abend des siebten Tages dämmert. Wir müssen ihn nicht suchen, er sucht und findet uns.

Heilige Stätten können zerstört werden. Heilige Menschen sterben. Aber Zeit entzieht sich jedem Anschlag. Sie ist unberührbar und unzerstörbar. Gott hat den Sabbat unbezwingbar gemacht, indem er *Zeit* heiligte, eine Dimension, auf die der Mensch keinen Zugriff hat. Armeen können Städte plündern, staatliche Stellen mögen Pilgerreisen verbieten, den siebten Tag dagegen halten weder Panzer noch Gesetzestexte auf.

Die Welt ist räumlich und dadurch angreifbar. Um wenigstens die Erinnerung an ihren Ursprung vor dem Zugriff des Menschen zu schützen, schloß Gott sie in Zeit ein.

Heiligen Dingen mag man aus dem Weg gehen, Orte und Menschen kann man meiden – an der Zeit kommt niemand vorbei. Ob die Menschen etwas von ihm wissen wollen oder nicht: der Sabbat kommt, ohne daß irgend etwas oder irgend jemand das ändern könnte. Gott hat ihn als ein weltweit gültiges und untilgbares Zeichen seines Schöpfungswerks eingesetzt.

Eindrücklicher als jedes andere biblische Symbol deutet er hin auf den Urgrund unseres Seins: Wir sind Geschöpfe aus Gottes Hand. Der Sabbat ist das königliche Siegel unserer Herkunft. Er sagt uns von Woche zu Woche neu, wer wir sind, warum wir leben und wohin wir gehen.

13

Ein Hinweis auf Christus

Als Gedenktag der Schöpfung ist der Sabbat zugleich Hinweis auf Jesus Christus, den Schöpfer.

Paulus schrieb über Christus:

„Denn in ihm ist alles geschaffen, was im Himmel und auf Erden ist, das Sichtbare und das Unsichtbare, es seien Throne oder Herrschaften oder Mächte oder Gewalten; es ist alles durch ihn und zu ihm geschaffen." (Kolosser 1,16)

An anderer Stelle sagt der Apostel, daß „wir doch nur *einen* Gott [haben], den Vater, von dem alle Dinge sind und wir zu ihm; und *einen* Herrn, Jesus Christus, durch den alle Dinge sind und wir durch ihn" (1. Korinther 8,6).

Für Johannes war klar: „Im Anfang war das Wort, und das Wort war bei Gott, und Gott war das Wort … Alle Dinge sind durch dasselbe gemacht, und ohne dasselbe ist nichts gemacht, was gemacht ist." (Johannes 1,1.3)

Der Sabbat ist das einzige Symbol für Christus als Schöpfer, das aus einer Welt ohne Sünde kommt. Das Opfersystem, das auf Jesus als Lamm Gottes hinwies, wurde erst nach dem Sündenfall des Menschen eingeführt. Der Sabbat dagegen ist älter als die Sünde. Er deutet hin auf Jesus als den Schöpfer dieser irdischen und der zukünftigen sündlosen Welt.

Nach dem Sündenfall erhielt der Sabbat eine noch weitreichendere Bedeutung. Er sollte nicht nur an die Schöpfung erinnern, sondern auch von ihrer Wiederherstellung künden. Damit wurde er auch zum Zeichen der Erlösung. Das einstige Glück vollkommener

Sündlosigkeit soll der Menschheit zurückgegeben werden. Dieses Geschenk kommt allein aus der Hand Christi. Wir „werden ohne Verdienst gerecht aus seiner Gnade durch die Erlösung, die durch Christus Jesus geschehen ist" (Römer 3,24).

Schöpfung und Erlösung bedingen einander und lassen sich nicht voneinander trennen. Himmel und Erde, von Gott vollkommen erschaffen, wurden durch die Sünde verdorben. Doch Jesus Christus wird sie kraft seiner Schöpfermacht neu machen: „Und ich sah einen neuen Himmel und eine neue Erde; denn der erste Himmel und die erste Erde sind vergangen." (Offenbarung 21,1)

Aber das ist noch nicht alles. Alle, die sich durch Christus erlösen lassen, werden in dieser neuen Welt leben: „Wir warten aber auf einen neuen Himmel und eine neue Erde nach seiner Verheißung, in denen Gerechtigkeit wohnt." (2. Petrus 3,13)

Im Judentum gilt der Sabbat von alters her als ein Symbol für den Messias-Erlöser. Eine Legende sagt, daß die messianische Zeit anbrechen würde, wenn die Juden den Geboten Gottes gehorsam wären. Auf die Frage, wie denn dieses messianische Zeitalter aussehen werde, gaben die Rabbiner die Antwort: „Der Sabbat ist ein Muster der zukünftigen Welt." [19]

Eine andere jüdische Schrift bezeichnet den Sabbat als „Erinnerung an zwei Welten – die jetzige und die kommende. Für beide ist der Sabbat ein Beispiel: seine Freude gehört zu dieser Welt, seine Heiligkeit und Ruhe zu der zukünftigen Welt." [20]

Ein jüdischer Autor der Gegenwart, Rabbi Abraham Josua Heschel, schrieb, daß der Mensch am Sabbat „einen Augenblick realer Erlösung erlebt, als würde der Geist des Messias für kurze Zeit das Angesicht der Erde berühren." [21]

Tatsächlich war es nicht nur der Geist des Messias, der diese Erde berührte, sondern der Messias selbst. Zweifellos hatten die Juden recht, wenn sie im Sabbat ein Symbol messianischer Erlösung sahen. Und es ist ein gutes Zeichen, daß auch viele Christen diesen Tag so verstehen.

Samuele Bacchiocchi ist davon überzeugt, daß „Gott mit dem Sabbat sowohl im Alten als auch im Neuen Testament seinem Volk das Versprechen und Erlebnis göttlicher Erlösung" gab. Die Sicht des schweizerischen reformierten Theologen Karl Barth faßt James Brown wie folgt zusammen: „Zuerst und zuletzt ist der Sabbat also ein grundlegendes Zeichen für Erlösung überhaupt, für Gott in seinem Bund mit dem Geschöpf." [22]

Als Symbol von Schöpfung und Erlösung verweist der Sabbat auf Jesus, den Schöpfer *und* Erlöser. Die Tieropfer symbolisierten Jesus als Erlöser, nicht als Schöpfer.

Der Sabbat sollte beides verkörpern. Er bleibt damit das unübertroffene Siegel Jesu Christi, ein Zeichen der sündlosen Welt, die er einst schuf, und der sündlosen Welt, die er für die durch sein Blut Erlösten neu schaffen wird.

14

Ein jüdisches Überbleibsel?

Der Siebenten-Tags-Sabbat, genauer: der Samstag, wird von vielen Christen als „der alte jüdische Sabbat" abgetan. Das ist eine ziemlich fragwürdige Einstellung, denn Herkunft, Inhalt und Zweck dieses Tages haben mit dem Judentum an sich nichts zu tun. Der Sabbat wird nur deshalb gleich mit den Juden in Verbindung gebracht, weil sie ihn seit Jahrtausenden halten. Deshalb ist er aber von seinem Ursprung her noch nicht jüdisch.

In Deutschland feiert man seit vielen Jahrhunderten Weihnachten. Ist Weihnachten deswegen ein deutsches Fest? Durchaus nicht, denn es wurde nicht von Deutschen erfunden und wird nicht nur von ihnen gefeiert.

Mit dem Sabbat ist es ähnlich. Er ist älter als das Judentum, wurde nicht von Juden eingeführt, ist nicht exklusiv für Juden da und wird auch von Nichtjuden gefeiert. Mit anderen Worten: die Juden haben den Sabbat genausowenig gepachtet wie die Eskimos das Osterfest.

Dennoch steht für die meisten Christen fest, daß der Sabbat jüdischen Ursprungs ist. „Die biblische Aussage ist eindeutig", schreibt der Theologe Harold Dressler, „der Sabbat entstand in Israel als Gottes besondere Einrichtung für sein Volk."[23]

Die Bibel sagt tatsächlich eindeutig, wie der Sabbat entstand, aber sie widerspricht der Aussage Dresslers und anderer Theologen völlig. Laut biblischem Befund entstand der Sabbat völlig unabhängig vom Judentum. Gott segnete und heiligte den siebten Tag der Schöpfungswoche schon Jahrtausende bevor das hebräische Volk überhaupt existierte.

Die erste biblische Belegstelle, die auf die „Hebräer" hinweist, findet sich in 1. Mose 14,13 im Zusammenhang mit Abraham; zu einer Zeit also, als das Schöpfungsgeschehen schon weit zurücklag. Genau genommen sind die Juden Nachfahren Judas, des Urenkels Abrahams. Sie werden erst lange nach dem Schöpfungsbericht zum ersten Mal „Juden" genannt (2. Könige 16,6). Nicht sie haben den Sabbat geschaffen, vielmehr existierte er bereits und wartete nur darauf, von den Gläubigen – im Altertum überwiegend Juden – gefeiert zu werden.

Am Ende der Schöpfungswoche heißt es: „So wurden vollendet Himmel und Erde mit ihrem ganzen Heer. Und so vollendete Gott am siebenten Tage seine Werke, die er machte, und ruhte am siebenten Tage von allen seinen Werken, die er gemacht hatte. Und Gott segnete den siebenten Tag und heiligte ihn, weil er an ihm ruhte von allen seinen Werken, die Gott geschaffen und gemacht hatte." (1. Mose 2,1-3)

Das am Berg Sinai schriftlich formulierte vierte Gebot lautet: „Gedenke des Sabbattages, daß du ihn heiligest. Sechs Tage sollst du arbeiten und alle deine Werke tun. Aber am siebenten Tage ist der Sabbat des HERRN, deines Gottes. Da sollst du keine Arbeit tun, auch nicht dein Sohn, deine Tochter, dein Knecht, deine Magd, dein Vieh, auch nicht dein Fremdling, der in deiner Stadt lebt." (2. Mose 20,8-11)

Das vierte Gebot bezieht sich offensichtlich auf den Schöpfungssabbat. Sowohl in 2. Mose 20,11 als auch in 1. Mose 2 lesen wir, daß Gott den siebten Tag *segnete* und *heiligte*, und an beiden Stellen werden im Hebräischen Wörter verwendet, die dieselbe Sprachwurzel haben. An beiden Stellen steht der hebräische Ausdruck *yom hassbi'i* für „der siebte Tag" (1. Mose 2,2; 2. Mose 20,11). Beide Male steht *'sh* für „schuf". Das Substantiv *Sabbat* (hebr. *shabbat*) schließlich, das in 2. Mose verwendet wird, hat dieselbe Wurzel (*shbt* = „aufhören zu arbeiten") wie das „Ruhen" Gottes am siebten Tag, von dem in 1. Mose 2 die Rede ist. Das vierte Gebot hat einen klaren Bezug zum Sabbat der Schöpfung.

Jesus sagte, „der Sabbat ist um des Menschen willen gemacht" (Markus 2,27), und das schließt jenen ersten Sabbat mit ein. Am Anfang bestand die Menschheit nur aus dem ersten Menschenpaar. Der erste Sabbat wurde deshalb wohl zu zweit gefeiert. Warum sollte Gott den Sabbat so viele Jahrhunderte vor Entstehung der jüdischen Nation gesegnet und geheiligt haben, wenn dieser Tag wirklich nur für die Juden gedacht war?

Als ein Denkmal für die Erschaffung der Menschheit und der Welt ist der Sabbat von universaler Bedeutung. Als ein Stück Zeit kommt er überallhin und zu jedem, ist grenzenlos, übergreifend und absichtlich nicht auf einen Ort oder ein bestimmtes Gebiet beschränkt. Jede Woche besucht er alle Völker, denn für sie alle ist er gedacht. Jeder sollte den Sabbat feiern, ob weiß, schwarz oder gelb, weil alle Menschen, nicht nur die Juden, Gottes Geschöpfe sind.

Der Sabbat wurde als zeitloses, universales und unzerstörbares Denkmal dieser Schöpfung aufgerichtet. Warum sollte nur ein einziges Volk den Gedenktag der Schöpfung begehen, wo doch die ganze Menschheit aus Gottes Hand kommt?

Vielen Juden ist die außerordentliche Bedeutung des Sabbats klar. Der Philosoph und Theologe Martin Buber schreibt, der Sabbat sei „ein Allgemeingut, das jeder uneingeschränkt genießen sollte", weil dieser Tag „auf die Geburtsstunde der Welt zurückgeht".[24]

„Nachdem die ganze Welt im Rhythmus der vollkommenen Zahl Sechs vollendet worden war", schreibt Philo Judaeus, ein jüdischer Gelehrter des ersten Jahrhunderts, „heiligte und segnete der Vater den folgenden, siebten Tag. Dieser Tag nämlich ist ein Fest, nicht für eine Stadt oder ein Land, sondern für die ganze Erde. Nur dieser Tag wird zu Recht ein Festtag für alle Völker und der Geburtstag der Welt genannt."

Heute mehrt sich die Zahl derer, die diese Tatsache begreifen. „Unter Christen ist es unstrittig, daß die Zehn Gebote nicht nur dem Volk Israel galten, sondern universale Bedeutung haben, also für alle Menschen verbindlich sind. Jesus selbst hat im Blick auf die Gebote betont: , Bis Himmel und Erde vergehen, wird nicht vergehen der kleinste Buchstabe noch ein Tüpfelchen vom Gesetz, bis es alles geschieht.' (Matthäus 5,18).

Wenn aber die Zehn Gebote für alle verbindlich sind, ist nicht einzusehen, warum ausgerechnet das Sabbatgebot nur den Juden gelten soll ... Außerdem wird vom Sabbat nicht nur rückblickend auf das Volk Israel oder die Schöpfung gesprochen, sondern auch im Vorgriff auf das kommende Gottesreich. Von den Bewohnern der zukünftigen Welt heißt es, sie werden , einen Sabbat nach dem andern kommen, um vor mir anzubeten, spricht der Herr' (Jesaja 66,23)." [25]

Gewiß, niemand kennt den Sabbat schon so lange als Feiertag wie die Juden. Deshalb bringt man ihn ja auch sofort mit ihnen in Verbindung. Wenn sich Leute seit mehr als 3500 Jahre mit einer Sache beschäftigt haben, verstehen sie eine ganze Menge davon. Aber dennoch: Wir mißverstehen die Absicht und den Inhalt des Sabbats, wenn wir ihn als rein jüdische Einrichtung betrachten. Damit berauben wir uns des Segens, den dieser Tag uns heute schenken kann und will.

15

Uralt und verbindlich

Aus christlichen Kreisen hört man nicht selten das Argument, der Sabbat sei erst mit der Gesetzgebung auf dem Berg Sinai zum verbindlichen Gebot erhoben worden. Die Bibel bezeugt genau das Gegenteil: Der Sabbat war schon vorher ein verbindliches Gebot und wurde auch gehalten.

In 2. Mose 16 wird die Wanderung der Juden beschrieben, nachdem sie den Truppen des Pharao entkommen waren. Vers 1 enthält eine Datumsangabe: „am fünfzehnten Tage des zweiten Monats, nachdem sie aus Ägypten ausgezogen waren". In der Wüste Sinai kamen sie erst „am ersten Tag des dritten Monats nach dem Auszug der Israeliten aus Ägyptenland" an, also mindestens zwei Wochen später.

Im Zusammenhang mit Gottes Zusage, dem hungrigen Volk „Brot vom Himmel [Manna] regnen" zu lassen, heißt es (Vers 4), daß der Herr Israel auch prüfen wollte, „ob es in meinem Gesetz wandle oder nicht".

Von welchem Gesetz ist hier die Rede? Bis zu diesem Zeitpunkt wird nirgendwo in der Bibel eine Gesetzgebung erwähnt. Trotzdem müssen die Juden Gottes Gesetz gekannt haben, sonst hätte Gott sie nicht darin prüfen können.

„Und das Volk soll hinausgehen und täglich sammeln, was es für den Tag bedarf, daß ich's prüfe ...Am sechsten Tag aber wird's geschehen, wenn sie zubereiten, was sie einbringen, daß es doppelt soviel sein wird, wie sie sonst täglich sammeln." (2. Mose 16,4.5)

Warum sollte am sechsten Tag die doppelte Menge gesammelt werden? „Da sprach Mose: Eßt dies heute, denn heute ist der Sabbat des HERRN; ihr werdet heute nichts finden auf dem Felde. Sechs Tage sollt ihr sammeln; aber der siebente Tag ist der Sabbat, an dem wird nichts da sein." (Vers 25.26)

Trotzdem machten sich einige auch am Sabbat auf, um Manna zu sammeln. Sie wurden von Gott getadelt: „Da sprach der HERR zu Mose: Wie lange weigert ihr euch, meine Gebote und Weisungen zu halten? Sehet, der HERR hat euch den Sabbat gegeben; darum gibt er euch am sechsten Tage für zwei Tage Brot. So bleibe nun ein jeder, wo er ist, und niemand verlasse seinen Wohnplatz am siebenten Tage. Also ruhte das Volk am siebenten Tage." (Vers 28-30)

Die Klage Gottes: „*Wie lange* weigert ihr euch, meine Gebote und Weisungen zu halten?" zeigt, daß Israels Ungehorsam nichts Neues war. Die Frage „Wie lange?" deutet an, daß Verstöße gegen das Gesetz schon seit geraumer Zeit ein Problem waren. Die Israeliten müssen das Gesetz schon lange gekannt haben, sonst hätte Gott sie nicht wegen andauernder Übertretung zurechtgewiesen.

In Vers 29 heißt es: „der HERR hat euch den Sabbat gegeben". Das hebräische Wort für „hat gegeben" (*ntn*) steht in der Vergangenheitsform. Dasselbe Wort (*ntn*) steht auch in dem Satz: „darum gibt er euch am siebenten Tage für zwei Tage Brot", diesmal allerdings in der Gegenwartsform.

Offensichtlich wurde der Sabbat den Juden bereits vor diesem Ereignis, das Wochen vor der Gesetzgebung am Sinai stattfand, gegeben.

Es steht außer Frage, daß der Sabbat schon vor dem Bundesschluß am Berg Sinai existierte und die Juden ihn deshalb kannten.

Gerhard Hasel meint, 2. Mose 16 sei ein klassischer Beleg dafür, „daß die Einrichtung des Sabbats schon vor der Gesetzgebung auf dem Berg Sinai und vor seiner Verkündung in der Wüste bekannt war".[26]

Martin Buber betonte, daß der Sabbat „selbst in der Wüste Sinai, wo das Manna fällt, nicht neu eingeführt wird. Auch hier taucht er auf als etwas, das es schon vorher gab."[27]

Martin Luther äußerte sich zu dieser Thematik ganz eindeutig: „Daher kann man sehen, daß der Sabbat schon vor dem Gesetz Moses da war und von Anbeginn der Welt existierte. Besonders die Frommen, die den wahren Glauben bewahrt haben, haben sich an diesem Tag versammelt und Gott angerufen."[28]

„Also ruhte das Volk am siebenten Tage, heißt es in Vers 30. Niemand hatte den Israeliten Ruhe verordnet; sie sollten lediglich nicht Manna sammeln, backen oder ihren „Wohnplatz" verlassen.

Das Verb für „ruhen" in diesem Kapitel leitet sich vom Hebräischen *shbt* her, das sich auch in 1. Mose 2,3 findet, wo Gott am siebenten Tag „ruhte". Nach dem ersten Sabbat bei der Schöpfung bis zu diesem Ereignis in der Wüste taucht das Verb nicht mehr auf, um Sabbatruhe zu bezeichnen (der Sabbat wird überhaupt nicht mehr erwähnt). Doch irgendwoher wußten die Israeliten, daß sie „ruhen" (*shbt*) sollten, und dieses Wissen konnte nur vom Schöpfungssabbat ausgehen.

Das Manna vom Himmel war für die Israeliten etwas ganz Neues. Deshalb enthält 2. Mose 16 Anweisungen, wie speziell am Sabbat damit umgegangen werden sollte.

Gleichzeitig will Gott sein auserwähltes Volk prüfen, „ob es in meinem Gesetz wandle oder nicht" (Vers 4). Der Sabbat war der Prüfstein.

Als Israel ungehorsam war, rügte Gott: „Wie lange weigert ihr euch, meine Gebote und Weisungen zu halten?" (Vers 28) Gehorsam gegenüber dem Sabbat stand damals offenbar für den Gehorsam gegenüber *allen* Geboten.

Dieses Prinzip findet sich auch im Neuen Testament: „Denn wenn jemand das ganze Gesetz hält und sündigt gegen ein einziges Gebot, der ist am ganzen Gesetz schuldig. Denn der gesagt hat: ‚Du sollst nicht ehebrechen', der hat auch gesagt: ‚Du sollst nicht töten.' Wenn du nun nicht die Ehe brichst, tötest aber, bist du ein Übertreter des Gesetzes." (Jakobus 2,10.11) Nach 2. Mose 16 ist jemand „am ganzen Gesetz schuldig", wenn er den Sabbat mißachtet.

Der Sabbat war die erste Gehorsamsprüfung, die Gott seinem auserwählten Volk nach der Flucht aus Ägypten auferlegte. Das ist durchaus sinnvoll, denn der Sabbat ist das Gebot, das am klarsten auf Jesus Christus als Schöpfer und Erlöser hinweist. Jesus selbst war derjenige, der die Kinder Israel während der Wüstenwanderung in unterschiedlichste Situationen führte, um so ihren Gehorsam gegenüber seinem Gesetz auf die Probe zu stellen.

„Ich will euch aber, liebe Brüder, nicht in Unwissenheit darüber lassen", schreibt Paulus, „daß unsre Väter alle unter der Wolke gewesen und alle durchs Meer gegangen sind; und alle sind auf Mose getauft worden durch die Wolke und durch das Meer und haben alle dieselbe geistliche Speise gegessen und haben alle denselben geistlichen Trank getrunken; sie tranken nämlich von dem geistlichen Felsen, der ihnen folgte; der Fels aber war Christus." (1. Korinther 10,1-4)

Christus hat gesagt: „Liebt ihr mich, so werdet ihr meine Gebote halten." (Johannes 14,15) Das Sabbatgebot war für das alte Israel eine Prüfung dieser Liebe.

16

Auf der Suche nach dem Ursprung

Wenn die Juden also Gottes Gesetz einschließlich des Sabbats nicht erst am Sinai kennenlernten, wann dann? Die Antwort bekommen wir, wenn wir die vielen kleinen Mosaiksteinchen im Alten und Neuen Testament zu einem Bild zusammenfügen.

Als Gott Mose zum ersten Mal erschien und den Kindern Israel Befreiung aus der Sklaverei versprach, sagte er: „So sollst du zu den Israeliten sagen: Der HERR, der Gott eurer Väter, der Gott Abrahams, der Gott Isaaks, der Gott Jakobs, hat mich zu euch gesandt. Das ist mein Name auf ewig, mit dem man mich anrufen soll von Geschlecht zu Geschlecht." (2. Mose 3,15)

Von der Schöpfung bis zur Gesetzgebung am Sinai war es immer derselbe Gott, der Gott der Väter, *Adonai Elohim*, „gestern und heute und derselbe auch in Ewigkeit" (Hebräer 13,8), den die Gläubigen anbeteten. Das Leben der Urväter, von dem das erste Buch Mose berichtet, ist eine Geschichte der Verehrung dieses Gottes, zu dem sich diese Männer inmitten einer heidnischen und götzendienerischen Umwelt bekannten und dem sie gehorchten.

Ob wir von Noah lesen, der in Gottes Augen „gerecht" war (1. Mose 7,1), oder von Abraham, dessen Glaube ihm „zur Gerechtigkeit gerechnet" wurde (Galater 3,6), die Bibel hat überliefert, auf welche Art die Stammväter Israels Gott dienten.

Teil ihrer Verehrung war der Gehorsam gegenüber Gottes Geboten. Gott sagte Jakob reichlich Nachkommen zu, weil sein Großvater Abraham „meiner Stimme gehorsam gewesen ist und gehalten hat meine Rechte, meine Gebote, meine Weisungen und mein Gesetz." (1. Mose 26,5) Welche Gebote, Weisungen und Rechte? Der Ursprung dieser Gebote, Weisungen und Rechte wird in 1. Mose nirgendwo erwähnt. Dennoch war Abrahams Gehorsam der Grund, warum Gott Jakobs Nachkommenschaft segnen wollte.

Wenn Gottes Gebote erst seit der Gesetzgebung am Sinai bekannt gewesen wären, müßte man annehmen, daß es in den Jahrtausenden zwischen der Schöpfung und diesem Bundesschluß keinen verbindlichen Maßstab für Gut und Böse gegeben hat.

Sollte Gott 2000 Jahre oder länger zugeschaut haben, wie die Menschen ausschließlich nach dem Lustprinzip lebten und ohne jegliche Warnung vor dem Bösen in ihr Verderben rannten?

Ich halte das für ausgeschlossen. Wie hätte es ohne ein Gesetz zur Verdammung Sodoms oder der vorsintflutlichen Welt kommen können? Die Bibel sagt, „Sünde ist Übertretung des Gesetzes" (1. Johannes 3,4 Grundtext); darum muß dort, wo Sünde ist, auch ein Gesetz existieren.

In der Geschichte von Kain und Abel spricht Gott zu Kain: „Wenn du Gutes im Sinn hast, kannst du den Kopf frei erheben; aber wenn du Böses planst, lauert die Sünde vor der Tür deines Herzens" (1. Mose 4,7 GN). Hätte Kain nichts von Gottes Gesetz gewußt, hätte er auch mit dem Begriff „Sünde" nichts anfangen können, wie Paulus schreibt: „Denn durch das Gesetz kommt Erkenntnis der Sünde." (Römer 3,20)

Als die Frau seines ägyptischen Herrn Josef verführen wollte, rief er aus: „Wie sollte ich denn nun ein solch großes Übel tun und gegen Gott sündigen?" (1. Mose 39,9) Woher wußte Josef, daß Ehebruch „Sünde gegen Gott" war, wenn nicht durch Gottes Gesetz? „Die Sünde erkannte ich nicht außer durchs Gesetz", sagt Paulus (Römer 7,7). Das dürfte zur Zeit Josefs nicht anders gewesen sein.

Vor der Zerstörung von Sodom und Gomorra teilte Gott Abraham mit: „Es ist ein großes Geschrei über Sodom und Gomorra, daß ihre Sünden sehr schwer sind." (1. Mose 18,20) Was für Sünden? Die Bibel sagt, „wo kein Gesetz ist, da wird Sünde nicht angerechnet" (Römer 5,13).

Mit Blick auf Lot in Sodom schreibt Petrus, „der unter ihnen wohnende Gerechte quälte durch das, was er sah und hörte, Tag für Tag seine gerechte Seele mit ihren gesetzlosen Werken" (2. Petrus 2,8 EB). Das Verhalten der Leute von Sodom hätte nicht gesetzlos sein können, hätte es kein Gesetz gegeben; genausowenig wie das Schlafen in grünen Socken ungesetzlich ist, solange es kein Gesetz gibt, das dies verbietet.

Kein Gericht der Welt würde jemanden für die Übertretung eines Paragraphen verurteilen, der gar nicht existiert. Sollte ausgerechnet Gott so etwas tun? Ohne ein bestehendes Gesetz hätte Gott niemals irgendwelche Übertretungen ahnden können, denn „wo kein Gesetz ist, da ist auch keine Übertretung" (Römer 4,15 EB).

Was wäre das für ein Gott, der die Welt durch eine Flut ertränkt oder auf Sodom und Gomorra Feuer regnen läßt, ohne daß sich diese Leute überhaupt ihrer Sünde bewußt gewesen wären? Weil nach Aussage der Bibel Sündenerkenntnis allein durch das Gesetz kommt, muß das Gesetz schon vor Sinai bekannt gewesen sein.

17

Warum wurde das Gesetz nicht früher erwähnt?

Wenn Gottes Gesetz bereits Jahrtausende vor der Gesetzgebung am Sinai existierte, warum wurde es dann erst im zweiten Buch Mose schriftlich niedergelegt und nicht schon im ersten? Das kann mehrere Gründe haben.

Zum einen ist 1. Mose kein Buch über Gesetze, sondern ein knapper Überblick über Anfang und Entwicklung der Verehrung Gottes, von Eden bis Ägypten. Es verfolgt die Linie der treuen Nachfolger Gottes, einer kleinen Gruppe, von der schließlich nur eine einzige Familie übrigblieb, die viele Generationen hindurch einsam inmitten allgemeiner Gottlosigkeit den Schöpfer anbetete.

Zum anderen umfaßt der Inhalt der fünfzig Kapitel von 1. Mose einen Zeitraum von mindestens 2000 Jahren. Da mußte sich der Verfasser auf die für ihn wichtigsten Fakten beschränken.

Im ersten Buch Mose lesen wir auch nichts vom Ziel der Geschichte, nämlich dem zukünftigen Gottesreich. Dennoch müssen die Menschen der Urzeit davon gewußt haben, denn im Hebräerbrief heißt es von ihnen: „Diese alle sind gestorben im Glauben und haben das Verheißene nicht erlangt, sondern es nur von ferne gesehen und gegrüßt und haben bekannt, daß sie Gäste und Fremdlinge auf Erden sind." (Hebräer 11,13)

Außerdem heißt es, daß sie sich schon damals „nach einem besseren Vaterland, nämlich dem himmlischen" sehnten (Vers 16). Wie kann auf „Verheißungen" und ein „himmlisches Vaterland" Bezug genommen werden, wenn die Leute damals davon gar nichts wußten? In 1. Mose wird davon nichts erwähnt, und trotzdem war es für die Patriarchen Realität.

Abraham war bereit, Isaak als Opfer darzubringen, weil „er dachte: Gott kann auch von den Toten erwecken" (Hebräer 11,19). Abraham glaubte offenbar daran, daß Tote wieder zum Leben erweckt werden könnten, doch nirgendwo im 1. Mose wird diese Lehre erwähnt. Woher wußte er also davon?

Eine dritte Erklärungsmöglichkeit wäre die, daß Gottes Gesetz zum Grundwissen der Menschen, besonders der Gläubigen, gehörte, das von einer Generation zur anderen mündlich weitergegeben wurde. Deshalb mußte Mose es in seinem Bericht über die Zeit vor der Volkwerdung Israels nicht ausdrücklich erwähnen.

Die unvermittelte Bezugnahme auf das Gesetz in 2. Mose 16 – „Wie lange weigert ihr euch, meine Gebote und Weisungen zu halten?" (Vers 28) – ohne daß eine Erklärung über seinen Inhalt oder Ursprung angefügt wurde, läßt vermuten, daß jeder Israelit darüber Bescheid wußte.

Als Gott am Sinai mit Israel einen Bund schloß, legte er das Volk nicht auf einen neuen Lebensstil fest, von dem es noch nie etwas gehört hatte. Im Prinzip ging es vor allem darum, daß Israel inmitten von Heidentum, Götzendienst und falscher Religion die Anbetung Gottes und das Wissen um sein Wesen bewahren sollte, wie es die Vorväter Noah, Abraham, Isaak und Jakob getan hatten.

Zu diesem Wissen um Gott gehörte auch sein Gesetz, daß nun nach Jahrtausenden mündlicher Weitergabe erstmals schriftlich fixiert wurde.

18

Gottes Wille – selbstverständlich?

Im biblischen Bericht über die Patriarchenzeit wird an keiner Stelle ausdrücklich von einem Sabbatgebot gesprochen. Genausowenig übrigens, wie ein Verbot von Diebstahl, Mord, Ehebruch oder Götzendienst erwähnt wird.

Auch in späterer Zeit ist es ähnlich. Seit der Gesetzgebung am Sinai war das Sabbatgebot zwar schriftlich formuliert und Zuwiderhandlung konnte damals sogar mit der Todesstrafe geahndet werden, dennoch wird das Sabbatgebot in den Büchern Josua bis zweiten Könige nicht mehr erwähnt.

Die Berichte dieser biblischen Bücher umfassen immerhin eine Zeitspanne, die sich von der Eroberung Kanaans über die Richterzeit, die Regierungszeit der Könige Saul, David und Salomo bis hin zur Teilung des Reiches und darüber hinaus erstreckt. Auch vom Laubhüttenfest, das eins der jüdischen Hauptfeste war, ist in der Zeit von Josua bis Nehemia, also fast 1000 Jahre lang, nirgendwo die Rede, obwohl es gefeiert wurde.

Fehlende Belegstellen, in bezug auf bestimmte Gebote, sind also nicht als Gegenbeweis zu deuten, sondern zeigen eher, daß diese von Gott eingesetzten Ordnungen für die Menschen von damals selbstverständlich waren.

Offensichtlich war den Patriarchen die „Woche" als Sieben-Tage-Rhythmus bekannt. In 1. Mose werden mehrfach siebentägige Abschnitte erwähnt (1. Mose 7,4.10; 8,10.12). Auch Jakobs Brautwerbung vollzog sich gewissermaßen in einem Wochenzyklus: „Halte mit dieser die Hochzeitswoche, so will ich dir die andere auch geben für den Dienst, den du bei mir noch weitere sieben Jahre leisten sollst." (1. Mose 29,27)

Das Geschehen um das Manna in 2. Mose 16 – „Sechs Tage sollt ihr sammeln; aber der siebente Tag ist der Sabbat, an dem wird nichts da sein" (Vers 26) – ist Beweis dafür, daß die Sieben-Tage-Woche bekannt und der Sabbat ihr Höhepunkt war. Die Juden hielten den wöchentlichen Sabbat, weil sie den Gott ihrer Väter verehrten; die Urväter selbst dürften ihn ebenfalls gekannt und beachtet haben.

Der Sabbat ist das einzige der Zehn Gebote, das vor der Gesetzgebung am Sinai gezielt als Gebot bezeichnet wird. Als die Israeliten den heiligen Tag entweiht hatten, fragte Gott: „Wie lange weigert ihr euch, meine Gebote und Weisungen zu halten?" (2. Mose 16,28) Daraus könnte man schließen, daß bis zu diesem Zeitpunkt anscheinend nur der Sabbat den Status eines „Gebots" hatte.

Der Zeitraum zwischen Schöpfungswoche und Sinai ist praktisch eingerahmt von Sabbatruhe. In 1. Mose 2 „ruht" (*shbt*) Gott nach der Vollendung der Schöpfung am siebten Tag, und in 2. Mose 16, kurz vor dem Sinaiereignis, „ruhte" (*shbt*) das Volk am siebten Tag ebenfalls. Gott gab bei der Schöpfung das Beispiel, dem die Juden in der Wüste folgten. Als wesentliches Symbol der Schöpfung war der Sabbat wohl zumindest von denen beachtet worden, die treu zum Schöpfer hielten.

Der Sabbat wurde als Gedenktag der Schöpfung eingesetzt. Warum sollte er anschließend Jahrtausendelang ausgesetzt worden sein, um dann urplötzlich wieder aufzutauchen und den Juden Probleme zu machen, weil sie ihn nicht einhielten? Sollte Gott nicht die ganze Zeit über ein Zeichen seiner schöpferischen und erlösenden Macht in dieser Welt aufgerichtet haben? War es nicht von Anfang an sein Wille, daß die

Menschen den Segen eines wöchentlichen Ruhetages genießen sollten?

Sollte Gott das, was den Juden später durch Jahrtausende hindurch zur Segensquelle wurde, den Menschen der Urzeit vorenthalten haben? Und selbst die Christenheit feiert seit fast 2000 Jahren einen Sabbat, selbst wenn das weithin nicht mehr der biblischen Vorgabe gemäß geschieht. Warum sollte der Sabbat also nicht schon von Anfang an als Gottes heiliger Tag begangen worden sein, auch wenn das nicht ausdrücklich erwähnt wird?

19

Sinai – ein unnötiges Spektakel?

Stellen Sie sich den Berg Sinai vor: ein Inferno aus Flammen und Rauch, „weil der HERR auf den Berg herabfuhr im Feuer" (2. Mose 19,18).

Blitze zucken, der Himmel scheint vom Donner zu bersten, der Glanz göttlicher Herrlichkeit dringt durch das Dunkel. Zitternd drängen sich die Israeliten zusammen, als Gott ihnen seinen Willen mitteilt. „Rede du mit uns, wir wollen hören", flehen sie Mose an, „aber laß Gott nicht mit uns reden, wir könnten sonst sterben." (2. Mose 20,19)

Wenn die Israeliten das Grundgesetz Gottes, die Zehn Gebote, bereits kannten, wozu dann der Riesenaufwand am Sinai?

Nicht nur einmal hatte Gott den Vätern Israels verheißen, sie zu einem großen und einflußreichen Volk zu machen, mit dem er seinen ewigen Bund aufrichten würde (vgl. 1. Mose 17,19). An den Israeliten am Sinai erfüllten sich nun diese Verheißungen.

Dabei muß allerdings beachtet werden, daß dieses Volk 400 Jahre lang in einer vom Götzendienst geprägten Kultur gelebt hatte. Das war in bezug auf den Glauben an den wahren Gott nicht spurlos an den Menschen vorübergegangen.

Was das bedeuten kann, möchte ich an einem Beispiel aus unserer Zeit anschaulich machen. Vor etwa 40 Jahren weigerten sich die Produzenten noch, den hüftenwackelnden Rock-'n'-Roll-Sänger Elvis Presley im Fernsehen auftreten zu lassen. Heute finden sie nichts dabei, wenn eine Sängerin wie Madonna mit nichts als einem schwarzen Teddy „bekleidet" über den Bildschirm stolziert. Welch ein Gesinnungswandel – manche sehen darin auch einen bedenklichen Verfall der Sitten – innerhalb einer einzigen Generation.

Wer das in Betracht zieht, kann sich vielleicht ausmalen, welch verheerende Spuren 400 Jahre Sklaverei in einer götzendienerischen Umgebung bei den Hebräern hinterlassen hatten.

Das zeigte sich dann ja auch in der Praxis. Gottes Stimme am Sinai war kaum verhallt, da hatten sich die Israeliten schon ein goldenes Kalb gemacht, vor dem sie anbetend niederfielen. Sie waren das aus Ägypten gewöhnt, wo der Apisstier göttlich verehrt wurde. Obwohl Gott ihnen gerade den Götzendienst verboten hatte (2. Mose 20,4), riefen die Israeliten: „Das ist dein Gott, Israel, der dich aus Ägyptenland geführt hat!" (2. Mose 32,4)

Offensichtlich steckte ihnen das alte Leben noch tief in den Knochen. Wenn selbst eine so beeindruckende Machtdemonstration wie die am Sinai die Kinder Israel nicht daran hindern konnte, unmittelbar danach wieder dem Götzenkult zu verfallen, muß man sich fragen, wie wirkungsvoll es wohl gewesen wäre, wenn Gott das Volk mit sanfter Stimme gebeten hätte, sich doch möglichst an seine zehn Empfehlungen zu halten.

Trotz des feierlichen und zugleich einschüchternden Rahmens bei der Gesetzgebung am Sinai waren die Zehn Gebote nichts Neues. Das Gesetz gab es schon vorher. Am Sinai wurde es allerdings Bestandteil eines förmlichen Bundes zwischen Gott und Israel. „Und er verkündigte euch seinen Bund, den er euch gebot zu halten", sagte Mose, „nämlich die Zehn Worte, und schrieb sie auf zwei steinerne Tafeln" (5. Mose 4,13). Am Sinai wurde das Gesetz in den Rahmen eines Glaubensbundes eingefügt, und zu Israels Part bei dieser Abmachung gehörte es, sich an das Gesetz zu halten.

Doch leider brachte das Gesetz nur den Tod, wie das traurige Geschehen um das goldene Kalb zeigt (2. Mose 32). Deshalb setzte Gott bald nach der vertraglichen Formulierung der Zehn Gebote den Heiligtumsdienst ein, genauer: ein umfangreiches System von Tieropfern.

Dieser Dienst sollte dem Sünder zeigen, daß seine einzige Hoffnung in der Person des Messias lag. Der würde sowohl in die Rolle des Opfertieres als auch in die des Priesters schlüpfen und somit beides verkörpern: das Opfer und den Vermittler.

Jesus selbst, „Gottes Lamm, das der Welt Sünde trägt" (Johannes 1,29), opferte sich auf bis in den Tod, „denn es ist unmöglich, durch das Blut von Stieren und Böcken Sünden wegzunehmen" (Hebräer 10,4).

Im alten wie im neuen Bund ist es Gottes Gesetz, das Sünden erst sichtbar macht. „Die Sünde hätte ich nicht erkannt", schreibt Paulus, „als nur durch das Gesetz." (Römer 7,7 EB) Und Vergebung der Sünden kann nur das Blut Christi bewirken.

Am Sinai wurden die Zehn Gebote also wiederholt, weil sie zu Gottes Bund mit Israel dazugehörten. Im Zentrum der Gebote stand offenbar als ein besonderes Zeichen zwischen Gott und seinem Volk der Siebenten-Tags-Sabbat.

„So sollen denn die Söhne Israel den Sabbat halten, um den Sabbat in all ihren Generationen zu feiern, als ewigen Bund. Er ist ein Zeichen zwischen mir und den Söhnen Israel für ewig. Denn in sechs Tagen hat der HERR den Himmel und die Erde gemacht, am siebten Tag aber hat er geruht und Atem geschöpft." (2. Mose 31,16.17 EB)

Auch an dieser Stelle wird der Sabbat nicht mit dem Geschehen am Sinai in Verbindung gebracht, sondern mit der Schöpfung – also lange vor Israels Zeiten. Das

Sabbathalten machte die Juden nicht zu Gottes auserwähltem Volk, aber *weil* sie Gottes Volk waren, sollten sie den Sabbat halten.

Daß Israel den einen wahren Gott anbetete, der in sechs Tagen Himmel und Erde geschaffen hatte, war als Zeichen für die umliegenden Nationen gedacht. Weil die Israeliten diesen Schöpfer verehrten, feierten sie den Sabbat.

20

Der Sabbat und die Sabbate

Außer dem Siebenten-Tags-Sabbat feierte Israel noch andere Sabbate, die mit jährlichen Festen wie Passa, Pfingsten oder dem Laubhüttenfest zusammenhingen (3. Mose 23).

Diese Festsabbate waren spezifisch israelitisch, hatten meist irgendeinen Bezug zum Leben der Juden im Heiligen Land und wurden bewußt vom wöchentlichen Sabbat unterschieden, der Gedenktag der Schöpfung war und „Sabbat des HERRN" hieß. Warum diese Unterscheidung?

Zum einen, weil Gott selbst diesen Unterschied gemacht hat. Nachdem er den Hebräern die Feste, Versammlungen, Neumonde und Sabbate, die sie einhalten sollten, genannt hatte, sagte Gott: „Das sind die Feste des HERRN, die ihr ausrufen sollt als heilige Versammlungen ... *außer den Sabbaten des HERRN*" (3. Mose 23,37.38; Herv. v. Verfasser).

Was ist mit diesen „Sabbaten des HERRN" gemeint? In 2. Mose 20,10 wird der siebte Wochentag als „Sabbat für den HERRN, deinen Gott", bezeichnet.

Der Siebenten-Tags-Sabbat, also die „Sabbate des HERRN", die mit der Schöpfung zusammenhingen, und die zeremoniellen Sabbate, die zu den Festen, Versammlungen und Neumonden gehörten und somit auch zum Opfersystem, waren für Gott zwei unterschiedliche Dinge.

Der Siebenten-Tags-Sabbat wurde am Ende der Schöpfungswoche eingeführt und existierte demnach schon, bevor es das jüdische Volk gab. Die anderen Sabbate gab es vorher nicht, da sie erst am Sinai eingesetzt wurden. Weil sie mit dem alttestamentlichen Gottesdienst und den Versöhnungszeremonien zusammenhingen, waren sie speziell für die Juden gedacht.

Das Gebot, das die Feier des wöchentlichen Sabbats des HERRN regelte, wurde von Gott selbst auf Steintafeln geschrieben und in der Bundeslade hinterlegt (5. Mose 10,2-5). Die Anweisungen bezüglich der anderen Sabbate wurden von Mose auf eine Schriftrolle geschrieben und außerhalb der Bundeslade aufbewahrt, deutlich getrennt und unterschieden von den Zehn Geboten.

Der entscheidende Unterschied zwischen dem „Sabbat des HERRN" und den Festsabbaten des israelitischen Festkalenders liegt darin, daß der Siebenten-Tags-Sabbat weder als zeremonieller Hinweis auf Christus anzusehen ist, noch ausschließlich etwas mit den jährlichen Festen des Opfersystems zu tun hatte.

So ziemlich alle Christen sind der Überzeugung, daß beim Tod Jesu, als „der Vorhang des Tempels zerriß in zwei Stücke, von oben bis unten" (Matthäus 27,51 EB), das Opfersystem des alten Israels einschließlich aller Feste, Neumonde und zeremoniellen Sabbate sein Ende gefunden hat. In Christus hatte sich alles, wofür diese Sabbate standen, erfüllt.

Der Siebenten-Tags-Sabbat dagegen hatte einen anderen Zweck. „Das vierte Gebot", schrieb Walter Chantry, „ist kein Schattenbild auf den kommenden Christus. Es weist ganz klar in die Vergangenheit, auf die Schöpfung und Gottes Ruhe."[29]

Der Siebenten-Tags-Sabbat konnte unmöglich ein symbolischer Hinweis auf Christi Tod sein, denn wie die Ehe – und im Gegensatz zum Opfersystem – entstand er vor dem Sündenfall, also zu einer Zeit, als der Tod Christi noch gar nicht erforderlich war, da die Menschen noch nicht gesündigt hatten.

Der Siebenten-Tags-Sabbat hat mit der Kreuzigung Jesu ebensowenig seine Bedeutung verloren wie die Ehe, die im Neuen Testament mehrfach als Bild für die Beziehung zwischen Christus und der Gemeinde benutzt wird (Matthäus 25,1-12; Offenbarung 19,7-9). Der Siebenten-Tags-Sabbat ist vielmehr eine aus dem Paradies stammende Erinnerung an Christus als den Schöpfer.

Der Sabbat ist und bleibt von anderer Qualität als das zeitlich begrenzte Opfersystem und der Heiligtumsdienst, deren Neumonde und Sabbate alle nur schattenhafte Hinweise auf Christi Tod und seinen hohenpriesterlichen Dienst waren (Hebräer 7-9).

21

Der Sabbat – ein Bindeglied

Vom Bundesschluß am Sinai bis zur Vertreibung der Juden durch die Römer im ersten Jahrhundert n. Chr. war der Sabbat so etwas wie der wöchentliche Pulsschlag Israels.

Das Mannawunder hatte gezeigt, daß der Sabbat ein Prüfstein des Gehorsams gegenüber dem ganzen Gesetz war. Vor einer Mißachtung des Sabbatgebots war klar gewarnt worden: „Werdet ihr aber nicht auf mein Gebot hören, den Sabbattag zu heiligen und keine Last am Sabbattag zu tragen durch die Tore Jerusalems, so will ich ein Feuer in ihren Toren anzünden, das die festen Häuser Jerusalems verzehrt und nicht gelöscht werden kann." (Jeremia 17,27)

Im Gegenzug versprach Gott den Juden: Wenn „ihr am Sabbattag keine Last durch die Tore dieser Stadt tragt, sondern ihn heiligt, daß ihr an diesem Tage keine Arbeit tut" (Jeremia 17,24) – dann würde er all seine Verheißungen wahr machen und das Volk reichlich segnen (Vers 25.26; 5. Mose 28).

Sowohl thematisch als auch von der Textaufteilung her steht der Sabbat im Zentrum der Zehn Gebote. Im Hebräischen besteht das Sabbatgebot aus 55 Wörtern; die drei Gebote davor haben 67 Wörter, die sechs danach 41 Wörter. Der Alttestamentler Jacques Doukhan schreibt über das vierte Gebot: „Damit enthält es ungefähr halb so viele Wörter wie der Rest des Dekalogs (108 Wörter) und steht obendrein in seiner Mitte."[30]

Die ersten drei Gebote handeln von der Beziehung zwischen Mensch und Gott, die letzten sechs von der Beziehung des Menschen zum Menschen. Der Sabbat wird so zum Herzstück der Zehn Gebote, er ist das Bindeglied zwischen den zwei Grundpfeilern des Gesetzes, wie Jesus es verstand: Liebe zu Gott und Liebe zum Nächsten. „Du sollst den Herrn, deinen Gott, lieben von ganzem Herzen, von ganzer Seele und von ganzem Gemüt" (Matthäus 22,37), und „Du sollst deinen Nächsten lieben wie dich selbst" (Vers 39).

„Der Sabbat", schreibt Roy Branson, „ist die Brücke, die die Struktur des Gesetzes zusammenbindet. Er ist die Angel, in der die zwei Steintafeln – die Treue zu Gott und der Umgang mit dem Nächsten – schwingen." [31] Man könnte auch sagen, daß der Sabbat den Bogen zwischen Himmel und Erde schlägt.

Übrigens gibt allein das vierte Gebot eine Begründung dafür, warum wir überhaupt den Zehn Geboten gehorchen sollen. Wir sollen keine anderen Götter neben Gott haben, weil er der Schöpfer ist, wie es das Sabbatgebot sagt. Wir sollen keine Götzenbilder machen oder anbeten, weil nur Gott als der Eine, der uns gemacht hat, anbetungswürdig ist. Wir sollen den Namen Gottes nicht mißbrauchen, weil er als Schöpfer Respekt verdient.

Wenn man die ersten drei Gebote im Licht des vierten betrachtet, wird ihre Bedeutung für die vertikale Beziehung Gott – Mensch erst richtig verständlich.

Die anderen sechs Gebote drehen sich um die horizontale Beziehung Mensch – Mensch: die Eltern ehren, nicht stehlen, dem Ehepartner treu sein usw. Weil alle Menschen von dem Gott, der uns im vierten Gebot vorgestellt wird, geschaffen sind, und zwar nach seinem Bild, sind wir uns gegenseitige Achtung schuldig.

Wenn wir lediglich ein Zufallsprodukt wären, ein Glückstreffer Jahrmillionen alter Lebenskeime, gäbe es kaum einen zwingenden moralischen Grund für den respektvollen Umgang miteinander. Deshalb ist es das vierte Gebot, das den folgenden sechs Weisungen erst das gebührende Gewicht verleiht.

Der Sabbat spielte für das ganze religiöse Leben des alttestamentlichen Gottesvolkes eine wichtige Rolle, wenn nicht sogar die wichtigste. „Es ist sicher nicht übertrieben zu sagen", so der jüdische Journalist Ahad Ha-'Am, „daß mehr noch, als Israel den Sabbat gehalten hat, der Sabbat Israel gehalten hat."[32]

Doch jetzt wird es erst richtig interessant. Alle Christen, selbst die entschiedensten Sabbatgegner, meinen, daß die Juden den Sabbat halten mußten. Aber wie sieht es für Christen von heute aus? Welche Rolle spielt der Sabbat für die Gläubigen des neuen Bundes, die der Lehre des Neuen Testaments von der Errettung aus Gnade statt aus Gesetzeswerken folgen? Ist der Sabbat für sie noch in irgendeiner Weise verbindlich?

22

Der Sabbat – eine Marotte?

Ein protestantischer Theologe erzählte folgende Anekdote. An einem windigen Samstagnachmittag harkt
eine Frau auf ihrem Grundstück Laub zusammen. Es
dauerte nicht lange, da lehnte sich ihr Nachbar, ein
Adventist, über den weißen Holzzaun. „Wissen Sie
nicht", sagte er ohne Begrüßung, „daß Sie heute nicht
arbeiten sollten? Es ist Gottes Sabbat."

Die Witwe richtete sich auf, dachte einen Augenblick nach und antwortete dann lächelnd: „Wissen Sie
nicht, daß Jesus auch am Sabbat geheilt hat?"

„Wenn schon", schnaufte der Adventist mißmutig,
„man kann doch nicht einen Fehler mit einem anderen
entschuldigen!"

Diese Anekdote spiegelt wider, wie die meisten anderen Christen die adventistische Einstellung zum
Sabbat verstehen. Viele meinen, daß Adventisten mehr
über den Sabbat reden als über Jesus. Und ganz aus der
Luft gegriffen ist das ja auch nicht. Ich selbst kenne
Siebenten-Tags-Adventisten, die den Eindruck erwek-
ken, als wäre nicht Jesus ihr Erlöser, sondern der Sabbat. Sie tun so, als hinge ihre Erlösung allein vom Sabbathalten ab.

Wenn andere Christen durch die Begegnung mit
Adventisten zu dieser Einschätzung kommen, ist das
bedauerlich. Der Sabbat soll Jesus sichtbar machen,
nicht unsichtbar. Die Gefahr, daß Jesus um des Sabbats
willen außer Sichtweite gerät, ist übrigens nicht neu.

Eines Sabbats heilte Jesus einen Mann, der von Ge-
burt an blind war. Als der zum ersten Mal in seinem
Leben sehen konnte, jubelte er: „Von Anbeginn der

Welt an hat man nicht gehört, daß jemand einem Blindgeborenen die Augen aufgetan habe. Wäre dieser nicht von Gott, er könnte nichts tun." (Johannes 9,32.33) Die meisten von denen, die diese Heilung miterlebten, waren derselben Meinung.

Die Pharisäer dachten darüber freilich ganz anders: „Dieser Mensch ist nicht von Gott", behaupteten sie, „weil er den Sabbat nicht hält." (Vers 16)

Wir fragen uns heute: Wie kann man sich nur so in die Heiligkeit des Sabbats verbeißen, daß man den Herrn des Sabbats wegen seines Tuns rügt? Aber so absurd und fern unseres adventistischen Alltags ist das bei genauem Hinsehen gar nicht. In unseren Reihen gibt es genügend Leute, die andere Christen nicht etwa fragen: „Was hast du mit Jesus erlebt?" oder „Ist es nicht großartig, was Jesus für uns getan hat?" Ihnen geht es einzig und allein um die Frage: „Warum hältst du nicht den Sabbat?"

Ich möchte nicht wissen, wieviel Menschen den Sabbat ablehnen, weil sie Adventisten begegnet sind, die den Eindruck erweckt haben, daß der Sabbat ihnen wichtiger ist als Christus! Und manchmal sieht es ja nicht bloß so aus, sondern es ist auch so.

Keine Frage: Der Sabbat ist wichtig! Aber er ist nicht so wichtig wie Christus. Und wenn er Christus verdrängt, wird es gefährlich. Ohne Christus ist der Sabbat nur ein Wochentag wie jeder andere. Ohne Jesus kann man überhaupt keinen Tag heilig halten. Wer den Sabbat losgelöst von Christus feiert, dem wird es ergehen wie den Pharisäern in Jerusalem oder dem Mann am Gartenzaun.

Und wenn man den Sabbat mit Christus feiert ..? Nun, das ist ein anderes Kapitel.

23

Sabbat? Christus fragen!

Vom ersten bis zum letzten Buchstaben der Bibel steht Jesus Christus im Mittelpunkt des Geschehens.

Gleich auf den ersten Seiten heißt es: „Am Anfang schuf Gott" (1. Mose 1,1). Und die Offenbarung schließt mit den Worten: „Amen, ja, komm, Herr Jesus!" (Offenbarung 22,20).

Das erste Buch der Bibel berichtet von der Erschaffung der Welt und das letzte von der Erlösung bei der Wiederkunft Jesu. Das sind die beiden Themenkreise, um die es auch beim Sabbat geht.

Die Evangelien bezeugen, daß Gott selbst in seinem Sohn Jesus Christus Mensch wurde und als Mensch lebte. Johannes faßte das so zusammen: „Und das Wort wurde Fleisch und wohnte unter uns" (Johannes 1,14 EB). Jesus kam als das „Ebenbild" des lebendigen Gottes (Hebräer 1,3) in die auf Abwege geratene Welt, um ihr zu zeigen, wer und wie Gott ist.

Als Philippus Jesus bat, ihnen den Vater zu zeigen, bekam er zur Antwort: „So lange bin ich bei euch, und du kennst mich nicht, Philippus? Wer mich sieht, der sieht den Vater!" (Johannes 14,9)

Jesus ist die größte Gottesoffenbarung, die die Welt je gesehen hat. Keine Szene läßt tiefer blicken als die, daß Gott sich für uns ans Kreuz schlagen ließ. Er nahm die Schuld, die er nicht verdient hatte, auf sich, damit wir Zugang zu der Herrlichkeit und Gerechtigkeit bekommen, die wir nicht verdient haben (2. Korinther 5,17-21).

Jesus ist die Quelle des Lichts, des Lebens und der Kraft, „in ihm leben, weben und sind wir" (Apostelgeschichte 17,28), „in ihm ist alles geschaffen ...und es besteht alles in ihm" (Kolosser 1,16.17).

Die Weltgeschichte hat große Männer erlebt, die ihr ganzes Leben lang nach Wahrheit suchten, Wahrheit lehrten, mitunter sogar behaupteten, Wahrheit zu besitzen. Doch Jesus erklärte von sich: „Ich bin ... die Wahrheit" (Johannes 14,6). Jesus, „das wahre Licht, das alle Menschen erleuchtet, die in diese Welt kommen" (Johannes 1,9), ist die Mine, in der wir nach Licht und Wahrheit schürfen sollten. Er *ist* Licht und Wahrheit.

Wenn wir herausfinden wollen, welche Bedeutung der Sabbat für Christen von heute hat, ist Jesus die wichtigste Quelle. Wie hat der Mensch Jesus sich über den Sabbat geäußert? Was hat er geboten? Wie hat er gehandelt?

Jesus bezeichnete sich selbst als „Herr auch über den Sabbat" (Markus 2,28). Bei wem könnten wir also mehr über diesen Tag erfahren als bei ihm?

24

Nicht das Kind mit dem Bad ausschütten

Ich war erst einige Wochen Christ, als ich zum erstenmal mit dem Sabbat in Berührung kam. Das Thema war mir offen gestanden unangenehm, weil es mich in Unruhe versetzte. Deshalb fragte ich einen meiner protestantischen Freunde, ob der Siebenten-Tags-Sabbat heutzutage noch irgendeine Bedeutung habe.

„Keine Spur", antwortete Danny im Brustton der Überzeugung, „Jesus hat die Gebote abgeschafft."

Obwohl ich in Glaubensdingen noch sehr unerfahren war, überzeugte mich diese Antwort nicht so recht. Wenn ich nämlich in den Evangelien las, drängte sich mir der Eindruck auf, daß Jesus die Gebote keineswegs abgeschwächt oder gar abgeschafft, sondern eher noch verschärft hatte.

„Jeder, der seinem Bruder ohne Grund zürnt" (Matthäus 5,22 EB), predigte Jesus, der hat im Grunde das Gebot „Du sollst nicht töten" gebrochen. Und: „Jeder, der eine Frau ansieht, sie zu begehren, [hat] schon Ehebruch mit ihr begangen in seinem Herzen." (Vers 28)

Das klingt nicht so, als wären die Zehn Gebote gegenstandslos. Jesus scheint hier eher zu erklären, was er kurz zuvor mit der Aussage hatte sagen wollen: „Ihr sollt nicht meinen, daß ich gekommen bin, das Gesetz oder die Propheten aufzulösen; ich bin nicht gekommen aufzulösen, sondern *zu erfüllen*." (Matthäus 5,17; Herv. v. Autor)

Manche Christen vertreten den Standpunkt, Jesus habe die Zehn Gebote auf zwei reduziert: „Du sollst den Herrn, deinen Gott, lieben von ganzem Herzen, von ganzer Seele und von ganzem Gemüt" (Matthäus

22,37), und „Du sollst deinen Nächsten lieben wie dich selbst" (Vers 39).

Wollte er damit sagen, seine Leute könnten getrost Götzen anbeten, andere Götter neben ihm haben oder seinen Namen mißbrauchen, solange sie nur Gott von ganzem Herzen lieben? Oder meinte er, Christen könnten andere bestehlen, ihren Ehepartner hintergehen oder im Notfall andere umbringen, solange sie nur Gott lieben? Natürlich nicht! Das Liebesgebot war für Jesus lediglich eine Zusammenfassung der beiden wesentlichen Grundsätze der Zehn Gebote: Liebe zu Gott und Liebe zum Menschen. Der Apostel Johannes faßte dieses Prinzip in die Worte: „Das ist die Liebe zu Gott, daß wir seine Gebote halten" (1. Johannes 5,3).

An einer anderen Stelle betonte Jesus ausdrücklich, daß manche, die sich für gute Christen halten, nicht in Gottes Reich aufgenommen werden, weil sie den Willen seines Vaters mißachtet haben. „Dann werde ich ihnen bekennen: Ich habe euch noch nie gekannt; weicht von mir, ihr Übeltäter!" (Matthäus 7,23)

Der griechische Ausdruck, den Luther hier mit *Übeltäter* übersetzt hat, lautet wörtlich *die die Gesetzlosigkeit Tuenden*. Wenn Jesus das Gesetz tatsächlich abgeschafft hätte, wäre es nicht zu verstehen, daß er so nachhaltig vor Gesetzlosigkeit warnt.

Dasselbe griechische Wort für *Gesetzlosigkeit* benutzte auch Johannes, als er schrieb: „Jeder, der die Sünde tut, tut auch die Gesetzlosigkeit, und die Sünde ist die Gesetzlosigkeit." (1. Johannes 3,4 EB) Oder ein letztes Beispiel: „Wenn aber dein rechtes Auge dir Anlaß zur Sünde gibt, so reiß es aus und wirf es von dir." (Matthäus 5,29 EB) Würde sich einer, der das Gesetz für ungültig erklärt hat, so radikal gegen das Sündigen, d. h. gegen das Mißachten des Gesetzes, wenden? Das wäre absurd!

Als ich über diese Zusammenhänge nachdachte, wurde mir klar, daß Jesus die Zehn Gebote ganz sicher nicht aufgehoben hat.

Die Sünde, anders ausgedrückt: der Fluch der Gesetzlosigkeit, tötete Christus am Kreuz. Warum in aller Welt sollte ausgerechnet Jesu Tod es uns Christen gestatten, drauflozusündigen? Ganz im Gegenteil, er ist erschienen, „damit er die Sünden wegnehme" (1. Johannes 3,5)

Die uns durch Christi Tod angebotene Gnade bedeutet *Vergebung* der Sünde, keinen Freifahrtschein zum Sündigen. Und so sehen es ja auch die meisten Christen. Selbst diejenigen, die behaupten, Christus habe das Gesetz aufgehoben, würden sich entrüstet dagegen wehren, wenn jemand behauptete, man könne seit dem Tod und der Auferstehung Jesu stehlen, morden, verleumden oder Götzenbilder anbeten.

Als mein Freund Danny behauptete, die Zehn Gebote seien aufgehoben, ging es ihm genaugenommen nur um das Sabbatgebot. Aber weil es nicht so leicht zu begründen ist, warum neun Gebote gültig sein sollen, eins – nämlich das Sabbatgebot – aber nicht, saß er irgendwie in der Klemme. Um sich nicht in Widersprüche zu verwickeln, erklärte er das ganze Gesetz für nicht mehr verbindlich. Ich kenne eine Menge Christen, die sich in ähnlicher Weise um das vierte Gebot herumdrücken wollen, ohne allerdings über die Konsequenzen nachgedacht zu haben.

Nun hätte ich ja Danny fragen können: „Wenn das so ist, wie wäre es dann, wenn du mir deine Frau für diese Nacht überläßt?" Natürlich habe ich das nicht getan, aber ich kann mir auch nicht denken, daß er geantwortet hätte: „Kein Problem, Jesus hat ja die Zehn Gebote aufgehoben"?

25

Fatale Folgen

Zu der Zeit, als Jesus Mensch wurde, hatte Israel schon eine bewegte Geschichte hinter sich. Trotz der prophetischen Visionen vom Triumph des Gottesvolks über alle Feinde, waren die Juden immer wieder besiegt und unterworfen worden. Und nun hatten sie die verhaßten Römer sogar als Besatzungsmacht im eigenen Land.

Natürlich hatten sich die geistlichen Führer immer wieder gefragt, warum das so ist. Beim Studieren der Heiligen Schriften erkannten sie, daß einer der Gründe für das Ausbleiben der verheißenen Größe die Entweihung des Sabbats durch ihre Väter war. Deshalb faßten sie den Entschluß, diesen Fehler nicht auch zu machen. Sie wollten den Sabbat heilig halten.

Allerdings, so bemerkt Walter Harrelson: „Die hebräische Bibel macht keine genaueren Angaben darüber, was man am Sabbat tun soll"[33] Das ist nicht ungewöhnlich, denn auch zu anderen religiösen Fragen schweigt die Schrift. Aber es ist nicht leicht, den Sabbat zu heiligen, wenn nicht genau definiert ist, was Sabbatheiligung eigentlich ist.

Doch die frommen Gelehrten wußten Rat. Sie schufen im Laufe der Zeit eine umfassende Gesetzessammlung (Halacha), die jeden Aspekt des jüdischen Lebens, einschließlich des Sabbats, regelte.

Lange Zeit wollten die Gelehrten diese Gesetze nicht schriftlich festhalten, da zu befürchten war, sie könnten eines Tages der Heiligen Schrift gleichgesetzt werden. Aber schließlich wurde diese Sammlung von Regeln, Verordnungen und Geboten so umfangreich, daß man sie aufschreiben mußte.

Aus diesen Gesetzestexten wurde später der Talmud, eine Sammlung von 63 Büchern oder „Traktaten", die das gesamte Leben der Juden umfaßten.

In zwei Traktaten, *Shabbath* und *Erubin*, geht es speziell um den Sabbat, obwohl auch an anderen Stellen auf den Sabbat Bezug genommen wird. *Shabbath* ist das längste Traktat.

Der Talmud zeigt, daß die Juden den Sabbat wirklich liebten und bemüht waren, ihn „Lust" zu nennen, wie die Bibel es sagt (Jesaja 58,13). Bedauerlicherweise führte ihr Eifer ungewollt dazu, daß das Wesentliche aus den Augen verloren wurde, weil man sich immer mehr im Drehen und Wenden um Kleinigkeiten verlor.

Zum Beispiel war es einem Juden nicht erlaubt, am Sabbat den Saft aus einer Frucht zu pressen; sogar wenn der Saft von selbst herauslief, durfte man ihn nicht verwenden. Das galt nämlich als Arbeit.[34] Der Körper eines Verstorbenen durfte sabbats einbalsamiert und gewaschen werden, solange die Glieder nicht bewegt wurden. Da das so gut wie unmöglich war, behalf man sich damit, daß man einen Laib Brot auf den Leichnam legte, denn Brot durfte innerhalb des Hauses herumgetragen werden.[35]

Wenn Rehwild in ein Grundstück eindrang, durften zwei Männer es fangen, einer allein aber nicht.[36] Ein Jude durfte am Sabbat seine Kleidung nicht nach Ungeziefer absuchen.[37] Ein sabbats gelegtes Ei durfte nicht gegessen werden.[38] Am Sabbat war es einem Juden nicht erlaubt, einen Stein zu tragen; ein Kind allerdings, das einen Stein in den Händen hielt, durfte er tragen.[39] Auf der Grundlage eines bestimmten Verses in 5. Mose gab es außerdem 39 am Sabbat verbotene Beschäftigungen: z. B. Säen, Pflügen, Ernten, Worfeln, Kneten, Backen, Mahlen, Sieben, Waschen oder auch das Jagen einer Gazelle.[40]

Diese Regeln entwickelten sich über viele Generationen hinweg und wurden schließlich im 5. Jahrhundert n. Chr. schriftlich festgehalten. Welche von ihnen schon zur Zeit Jesu existierten, läßt sich schwer sagen.

Eins steht allerdings fest, schon damals war der Sabbat durch menschliche Vorschriften so eingeengt und verzerrt, daß die Pharisäer nicht nur für den Sinn des Sabbats, sondern auch für den Herrn des Sabbats blind waren.

26

Was wäre, wenn …?

Das griechische Wort *sabbaton* kommt 67mal im Neuen Testament vor und bedeutet entweder „Sabbat" oder „Woche". 57 dieser Textstellen stehen in den Evangelien; 50 von ihnen bezeichnen den Sabbattag. Im Neuen Testament sagen also die Evangelien mit Abstand am meisten über den Sabbat aus.

Diese Feststellung ist wichtig. Die Evangelien sind keine rein geschichtlichen Bücher, obwohl sie Geschichte enthalten. Sie sind auch nicht nur biographischer Art, obwohl sie die Lebensgeschichte Jesu nachzeichnen. Sie sind vielmehr die „theologischen Handbücher der Urgemeinde",[41] mit denen das Christentum gelehrt und verbreitet wurde – einschließlich der Lehre vom Sabbat, wie die vielen Belegstellen anzeigen.

Steht in den Evangelien etwas davon, daß Jesus den Sabbat abgeschafft hätte? Hat er anstelle des Sabbats einen anderen Tag eingesetzt? Hat er sich dazu geäußert, wie echte Sabbatheiligung aussieht? Diese Fragen sind entscheidend für die Auseinandersetzung mit dem Sabbat im Neuen Testament, besonders in den Evangelien.

Schon sehr früh bezeugen die Evangelien, daß Jesus den Sabbat hielt. „Und er kam nach Nazareth, wo er aufgewachsen war, und ging *nach seiner Gewohnheit* am Sabbat in die Synagoge und stand auf und wollte lesen." (Lukas 4,16; Herv. v. Autor)

In einer ganzen Reihe von Versen wird berichtet, daß Jesus sich sabbats „nach seiner Gewohnheit" in der Synagoge aufhielt.[42] Ohne Zweifel war Jesus ein Sabbathalter.

Gegner des Sabbats argumentieren an dieser Stelle, Jesus sei Jude gewesen, und deshalb sei es nicht verwunderlich, daß er den Sabbat gehalten hat. Verpflichtungen für den Christen ergäben sich daraus jedoch nicht, denn Christen seien nun einmal keine Juden.

Dem wäre entgegenzuhalten – wie bereits an anderer Stelle ausführlich besprochen –, daß der Sabbat gar keine spezifisch jüdische Einrichtung ist. Er ist vielmehr um Jahrtausende älter als die jüdische Nation. Nicht weil er Jude war, hielt Jesus den Sabbat, sondern weil es Gottes Gebot ist: „Ich [halte] meines Vaters Gebote." (Johannes 15,10)

Für Jesus waren nicht religiöse oder kulturelle Gepflogenheiten maßgebend, sondern allein das, was Gott wollte. Wäre er in einem anderen Land aufgewachsen, hätte das vermutlich nichts an seiner Sabbatheiligung geändert, ebensowenig wie am Gehorsam gegenüber allen anderen Geboten.

Woraus läßt sich das schließen? Weil es Sünde gewesen wäre, irgendein Gebot – einschließlich des Sabbats – zu übertreten. Hätte er aber gesündigt, wäre er nicht das „unschuldige und unbefleckte Lamm" (1. Petrus 1,19) gewesen, das Versöhnung für unsere Schuld bewirken konnte.

Statt dessen hat Gott „den, der von keiner Sünde wußte [Jesus], für uns zur Sünde gemacht, damit wir in ihm die Gerechtigkeit würden, die vor Gott gilt" (2. Korinther 5,21). Hätte Jesus das vierte oder irgendein anderes Gebot übertreten, wäre er nicht unser vollkommener Stellvertreter gewesen. Er hätte wegen seiner Sünde vielmehr wie jeder andere einen Erlöser gebraucht.

Jesus hielt den Sabbat aus dem gleichen Grund, aus dem er keinen Ehebruch beging und keine anderen Götter anbetete; nicht weil das vierte Gebot irgendwie jüdischer war als die anderen, sondern weil Ungehorsam Sünde gewesen wäre.

Mehr noch: Jesus hat nicht nur als Mensch im allgemeinen oder als Jude im besonderen Sabbat gefeiert, sondern auch als Schöpfer. Nur vom vierten Gebot heißt es, daß Gott der Herr es getreu seiner eigenen Ordnung befolgte: „So vollendete Gott am siebenten Tage seine Werke, die er machte, und *ruhte am siebenten Tage von allen seinen Werken, die er gemacht hatte.*" (1. Mose 2,2; Herv. v. Autor)

Mir scheint, daß die Heilige Schrift eindeutig zeigt: Jesus hielt den Sabbat sowohl in seiner Eigenschaft als Schöpfer wie auch als Erlöser. Es ist gewiß kein Zufall, daß ausschließlich im Sabbatgebot die Themen Schöpfung und Erlösung direkt nebeneinander stehen.

27

Es geht um das Wie, nicht um das Wann

Wenn die Evangelien den Sabbat erwähnen, lag meistens Streit in der Luft. Immer wieder wurde Jesus und seinen Jüngern Mißachtung des vierten Gebots vorgeworfen.

Eine dieser Auseinandersetzungen wird übereinstimmend von drei der vier Evangelisten berichtet (Matthäus 12,1-8; Markus 2,23-28; Lukas 6,1-5). Die hungrigen Jünger pflückten am Sabbat Weizenähren ab und „zerrieben sie mit den Händen" (Lukas 6,1).

Die Pharisäer reagierten darauf erbost: „Siehe, deine Jünger tun, was am Sabbat nicht erlaubt ist." (Matthäus 12,2) Wo steht das? Juden durften Ähren von einem Kornfeld pflücken (5. Mose 23,25), und nirgendwo in der Bibel ist davon die Rede, daß dies am Sabbat verboten war.

„Man kann die Thora auf den Kopf stellen", schreibt D. A. Carson, „es bleibt schwer nachvollziehbar, welches Gesetz die Jünger eigentlich gebrochen hatten."[43] Das biblische Sabbatgebot betraf zwar Tätigkeiten wie Ernten und Hausarbeit, doch „die Jünger waren weder Bauern noch Hausfrauen, die geschickt versuchten, ein paar Überstunden einzuschieben."[44] Sie waren einfach nur Leute, die am Sabbat ihren Hunger stillten.

Der Streit entbrannte also nicht, weil die Jünger ein biblisches Gebot übertreten hatten, sondern weil sie rabbinische Vorschrift mißachteten.

Jesus nahm seine Freunde in Schutz, indem er auf David verwies, der mit seinen Männern die Schaubrote aß, die außer den Priestern niemand essen durfte (Markus 2,26). Oder wie Walter Specht sagt, „wenn es richtig war, daß David und seine hungrigen Leute das Brot aßen, das den Priestern vorbehalten war, dann war es erst recht in Ordnung, daß die hungrigen Jünger eine Sabbatregel der Schriftgelehrten übertraten."[45]

Nachdem dieser Sachverhalt geklärt war, stellte Jesus den Ansichten der Pharisäer sein Verständnis vom Sabbat entgegen: „Der Sabbat ist um des Menschen willen gemacht und nicht der Mensch um des Sabbats willen." (Markus 2,27)

Die Schriftgelehrten hatten den Sabbat so mit menschengemachten Regeln und Verordnungen überfrachtet, daß er für Israel kein befreiender Tag mehr war, sondern eine schwer zu tragende Bürde.

„Wenn ihr aber wüßtet, was das heißt, ‚ich habe Wohlgefallen an Barmherzigkeit und nicht am Opfer', dann hättet ihr die Unschuldigen nicht verdammt", ließ Jesus die Pharisäer wissen (Matthäus 12,7). Diese Männer waren je länger desto mehr in ihre frommen Vorschriften und Regeln verliebt. Das hatte zur Folge, daß sie mit den Grundpfeilern des Gesetzes – Barmherzigkeit, Gerechtigkeit und Glaube – nichts mehr anzufangen wußten.

Statt die Heiligkeit des Sabbats zu schützen und diesen Tag zu einem Höhepunkt zu machen, wie es anfangs ihre Absicht gewesen war, hatten sie den Tag verdorben und ruiniert. Ihre Vorschriften hatten längst keine Dienstfunktion mehr, sondern waren zum Selbstzweck geworden.

Schließlich erklärte Jesus mit göttlicher Autorität: „Der Menschensohn ist ein Herr über den Sabbat." (Lukas 6,5) Als Schöpfer und Erlöser hatte Jesus zum Thema Sabbat das letzte Wort. Als der Eine, der alle Dinge geschaffen hat – auch den Sabbat – war Jesus nicht ein Sklave, sondern der Herr des Sabbats. Er hatte zu bestimmen, was an seinem heiligen Tag erlaubt war und was nicht. Die Pharisäer und Schriftgelehrten hatten sich dieses Recht nur angemaßt. Und Korn zu pflücken, wenn man hungrig war, das war erlaubt.

Daß wir uns nicht mißverstehen: Jesus wollte die Juden nicht vom Sabbatfeiern abbringen, sondern wandte sich lediglich gegen jede Art von pharisäisch-gesetzlicher Sabbatheiligung. Wenn er die Absicht gehabt hätte, den Sabbat eines Tages für null und nichtig zu erklären, wäre es töricht gewesen, sich immer wieder in nervenaufreibende und teilweise gefährliche Auseinandersetzungen mit der jüdischen Geistlichkeit einzulassen.

Nirgendwo in dieser Geschichte oder bei anderer Gelegenheit hat Jesus den Sonntag zum Feiertag gemacht. Es stand nicht zur Debatte, *welcher* Tag gehalten werden sollte, sondern es ging um das *Wie* der Sabbatheiligung.

28

Christus war es nicht

Die Juden sahen im Sabbat zu Recht einen Vorboten des Messias-Erlösers. Die jüdischen Gesetze, so schreibt Theodore Friedman, „bringen den Glauben zum Ausdruck, daß der Sabbat die Vorahnung, der Vorgeschmack, das Vorbild der zukünftigen Welt ist. Man findet diese Aussagen so häufig, daß kein Zweifel bestehen kann, wie tief verwurzelt und weit verbreitet diese Überzeugung in der frühen rabbinischen Literatur war."[46]

Aufgrund dieses Verständnisses legten die Gelehrten fest, daß man schon jetzt am Sabbat wie im 'olam ha-ba (dem zukünftigen Reich des Messias) leben sollte. Weil der Sabbat der Vorbote des 'olam ha-ba war, sollten sich alle seine Vorschriften nach dieser zukünftigen Welt ausrichten.

Eine rabbinische Schule lehrte beispielsweise, daß man am Sabbat in seiner Kleidung nicht nach Ungeziefer suchen solle, weil man es aus Versehen töten könnte, und Töten gehöre nicht in die zukünftige Welt.[47]

Weil auch Krankheit und Tod nichts mit dem 'olam ha-ba zu tun haben würden, sollten die Juden an einem Sabbat keine Totenklage halten, niemanden bestatten, ja nicht einmal Kranke besuchen. Und da es im 'olam ha-ba keine Kranken geben würde, sollte am Sabbat auch nicht geheilt werden. Diese Logik war es wohl auch, die die Pharisäer dazu veranlaßte, Jesus wegen seiner Sabbatheilungen so scharf anzugreifen.

Der ließ sich freilich durch diese Attacken nicht davon abhalten, auch am Sabbat für die Kranken und Schwachen da zu sein, ob er nun Dämonen austrieb

(Lukas 4,31-37), Blinde sehend machte (Johannes 9) oder einer verkrüppelten Hand ihre Funktionstüchtigkeit zurückgab (Matthäus 12,9-14).

Wie es für das Ausraufen von Ähren kein biblisches Verbot gab, so untersagt die Bibel auch keine Heilungen am Sabbat. Christus brach den Sabbat also keineswegs, wie die Pharisäer behaupteten, sondern machte vielmehr in Wort und Tat auf seinen wahren Sinn aufmerksam. „Soll man am Sabbat Gutes tun oder Böses tun", fragte Jesus die Pharisäer, „Leben erhalten oder töten?" (Markus 3,4)

An einem anderen Sabbat heilte Jesus einen Mann, der wohl an einer schweren Nierenerkrankung gelitten hatte. Man sah es seinen Gegnern an, daß sie Jesus verurteilten, doch ehe sie zum Angriff übergehen konnten, fragte Jesus: „Was macht ihr, wenn euer Kind oder ein Ochse am Sabbat in den Brunnen fällt? Zieht ihr sie nicht sofort heraus? Oder wartet ihr, bis der Sabbat vorbei ist?" (Lukas 14,5 Hfa)

Als Jesus von den Obersten angegriffen wurde, weil er eine Frau am Sabbat geheilt hatte, entgegnete er: „Ihr Heuchler! Ihr bindet doch eure Ochsen und Esel auch am Sabbat los und führt sie zur Tränke. Und mir verbietet ihr, diese Frau am Sabbat aus der Knechtschaft Satans zu befreien. Achtzehn Jahre lang war sie krank. Gehört sie nicht auch zu Gottes auserwähltem Volk?" (Lukas 13,15.16 Hfa)

Durch das Heilen am Sabbat hat Jesus diesen Tag weder in Frage gestellt noch zum gewöhnlichen Arbeitstag erklärt. Er sorgte vielmehr dafür, daß der ursprüngliche Sinn des Sabbats wieder verstanden wurde. Gerade *weil* der Sabbat den Messias-Erlöser ankündigte, sollte an diesem Tag etwas sichtbar werden von der Freiheit und dem zukünftigen Heil. Zu welcher Zeit hätte ein Vorgeschmack auf die endgültige Erlösung im *'olam ha-ba* besser gepaßt? Wenn ein Tag geeignet war, leidenden Menschen zu helfen, dann war es der Sabbat. So jedenfalls sah es Jesus.

Ausgerechnet an einem Sabbat ließ Jesus seine Zuhörer wissen, daß er seine Aufgabe darin sah, „zu verkündigen das Evangelium den Armen ... zu predigen den Gefangenen, daß sie frei sein sollen, und den Blinden, daß sie sehen sollen, und den Zerschlagenen, daß sie frei und ledig sein sollen, zu verkündigen das Gnadenjahr des Herrn" (Lukas 4,18.19). Und vielfach löste er dieses Versprechen gerade an einem Sabbat ein.

Jesus hat die Verbindlichkeit des Sabbats nie angezweifelt. Es wäre Mißbrauch, wenn man ihm unterstellen wollte, er habe sabbats geheilt, um die Menschen von der Sabbatheiligung abzubringen und auf die Einsetzung eines neuen Ruhetags vorzubereiten.

Jacob Jervell schrieb: „Die Haltung Jesu, wie sie in den vielen Diskussionen um Sinn und Unsinn des Sabbats hervortritt, steht in keinem Gegensatz zum Gesetz. Lukas überliefert nicht weniger als vier Streitgespräche, und er will dadurch aufzeigen, daß Jesus vollkommen gesetzmäßig handelte und die jüdische Führung in Wirklichkeit nichts beanstanden konnte."[48]

Fazit: Jesu Aussagen und sein Verhalten haben die Verbindlichkeit des Siebenten-Tags-Sabbats nicht im geringsten abgeschwächt.

Der Heilige Geist sorgte offensichtlich dafür, daß die Verfasser der Evangelien besonders ausführlich über die Konflikte und die Lehren Christi im Zusammenhang mit dem Sabbat berichteten. Wenn sich aus diesem Umstand überhaupt etwas ableiten läßt, dann der Gedanke, daß der Sabbat nach wie vor für die Christenheit von Bedeutung ist.

Christus selbst untermauerte das. Als er seinen Jüngern zu fliehen befahl, wenn die römischen Armeen

Jerusalem belagern würden, sagte er: „Bittet aber, daß eure Flucht nicht geschehe im Winter oder am Sabbat." (Matthäus 24,20)

Über den Grund für diese Aufforderung ist viel spekuliert worden. Einige vermuten, daß die Stadttore sabbats geschlossen waren und Jesus seinen Nachfolgern deshalb nahelegte, sie sollten beten, daß sie an einem anderen Tag fliehen könnten. Einige Verse vorher sagt Jesus jedoch: „alsdann fliehe auf die Berge, wer *in Judäa* ist" (Vers 16; Herv. v. Autor).

Für die Leute in Judäa, die nicht in Jerusalem lebten, spielten die Stadttore keine Rolle; trotzdem gibt Jesus auch ihnen diese Anweisung. Es ist unsicher, worauf genau Christus hinauswollte; auf jeden Fall zeigen seine Worte, daß „unser Herr selbst im Jahr 70 n. Chr. noch von seinen Nachfolgern erwartete, den Sabbat zu heiligen".[49]

Es überrascht daher auch nicht, daß D. A. Carson, obwohl er für die Sonntagsheiligung eintritt, zugibt: „Im Leben Jesu gibt es nirgendwo einen Hinweis darauf, daß der erste Wochentag die Funktion des Sabbats übernehmen und ihn ersetzen sollte."[50]

Die Worte Jesu in Matthäus 24 wie auch sonst überall in den Evangelien stützen nicht die These, daß Christus den Sabbat auf den ersten Tag der Woche verlegt hat. Jesus hat diesen Tag mit keinem Wort erwähnt. Deshalb ist es schlecht möglich, die Veränderung des Feiertags auf ihn zurückzuführen.

29

Die „Chronisten" wußten nichts davon

Viele Christen sehen im Sonntag, dem ersten Tag der Woche, keinen Sabbatersatz, sondern einen eigenständigen Feiertag, der „ausgewählt wurde, um an das wichtigste heilsgeschichtliche Ereignis zu erinnern: den Tod und die Auferstehung Christi."[51]

Um diese Argumentation werten zu können, erscheint es mir unumgänglich, *alle* neutestamentlichen Belege über den ersten Tag der Woche daraufhin abzuklopfen, ob der Sonntag etwas ersetzen oder an irgendetwas erinnern sollte.

Das Markusevangelium erwähnt den ersten Wochentag zweimal. „Und als der Sabbat vergangen war, kauften Maria von Magdala und Maria, die Mutter des Jakobus, und Salome wohlriechende Öle, um hinzugehen und ihn zu salben. Und sie kamen zum Grab am ersten Tag der Woche, sehr früh, als die Sonne aufging … Als aber Jesus auferstanden war früh am ersten Tag der Woche, erschien er zuerst Maria von Magdala." (Markus 16,1.2.9)

Markus bezeichnet den Auferstehungstag als „ersten Tag der Woche". Das war der damals geläufige Ausdruck für den Tag nach dem Sabbat. Später erhielt dieser Tag den Namen Sonntag.

Obwohl Markus sein Evangelium mindestens 25 Jahre nach Jesu Tod und Auferstehung geschrieben hat, enthält es nirgendwo eine Andeutung, daß der Sonntag den Sabbat ersetzt hätte. Das Gegenteil ist der Fall: Markus betont den Unterschied zum Sabbat, indem er sagt, daß „der Sabbat vergangen war", bevor der erste Wochentag begann.

Der Evangelist Matthäus erwähnt den ersten Tag der Woche nur einmal: „Als aber der Sabbat vorüber war und der erste Tag der Woche anbrach, kamen Maria von Magdala und die andere Maria, um nach dem Grab zu sehen." (Matthäus 28,1) Von den vier Evangelien war das von Matthäus verfaßte in der Urgemeinde am weitesten verbreitet und wurde von den frühen christlichen Autoren auch am meisten zitiert.

Merkwürdigerweise spricht Matthäus mit keiner Silbe davon, daß der erste Wochentag den Sabbat ersetzt oder seine Nachfolge angetreten hätte. Wäre das der Fall gewesen, müßte man in einem Bericht, der frühestens um das Jahr 70 n. Chr. herum verfaßt worden ist, zumindest einen Hinweis auf eine solch einschneidende Maßnahme erwarten.

Lukas schreibt über das Verhalten der Frauen nach der Kreuzigung: „Den Sabbat über ruhten sie nach dem Gesetz. Aber am ersten Tag der Woche sehr früh kamen sie zum Grab und trugen bei sich die wohlriechenden Öle, die sie bereitet hatten." (Lukas 23,56-24,1)

Aus diesem Text läßt sich nichts anderes herauslesen als das: Die Jünger Jesu hielten den Sabbat. Auch Lukas, der seinen Bericht über Jesus etwa zur selben Zeit schrieb wie Matthäus, gibt keinen Hinweis darauf, daß der erste Tag den siebten ersetzt hätte.

Bleibt noch der Evangelist Johannes. Von ihm erfahren wir: „Am ersten Tag der Woche kommt Maria von Magdala früh, als es noch finster war, zum Grab und sieht, daß der Stein vom Grab weg war." (Johannes 20,1)

Auch für Johannes ist der Auferstehungstag Jesu kein neu eingesetzter Feier- oder Gedächtnistag, sondern lediglich der erste Tag der Woche, den er offensichtlich nur erwähnt, um den zeitlichen Ablauf von Jesu Tod und Auferstehung zu beschreiben.

In Vers 19 heißt es weiter: „Am Abend aber dieses ersten Tages der Woche, als die Jünger versammelt und die Türen verschlossen waren aus Furcht vor den Juden, kam Jesus und trat mitten unter sie und spricht zu ihnen: Friede sei mit euch!"

Dieser Vers wird oft zur Rechtfertigung der Sonntagsfeier herangezogen. Tatsächlich sagt er aber nichts über einen angeblichen Gottesdienst zu Ehren der Auferstehung Christi. Der Grund für diese Zusammenkunft hinter verschlossenen Türen dürfte eher die „Furcht vor den Juden" gewesen sein.

Viele Nachfolger Jesu hatten damals Angst und suchten die Nähe Gleichgesinnter. Verschlossene Türen klingen nicht gerade nach Gottesdienst! Obwohl Maria es behauptete, wußten die Jünger nicht einmal mit Sicherheit, ob Jesus wirklich auferstanden war. Erst als er persönlich erschien und ihnen „die Hände und seine Seite" zeigte, verflogen die letzten Zweifel.

Es wäre schon merkwürdig gewesen, wenn die Jünger mit einem Gottesdienst ein Ereignis gefeiert hätten, an das die meisten von ihnen zu dieser Zeit noch gar nicht glaubten.

Daß Johannes die angebliche Heiligkeit des ersten Tages der Woche mit keinem Wort erwähnt, wiegt besonders schwer, da er sein Evangelium erst gegen Ende des ersten Jahrhunderts geschrieben hat. Eine Verlegung des Sabbats auf den Sonntag hätte er nicht wortlos übergehen können.

Offensichtlich wußte Johannes genausowenig etwas von einem heiligen „ersten Tag der Woche" wie Matthäus, Markus und Lukas. Wenn es dagegen um die Sabbatheiligung geht, gibt es in den vier Evangelien eine Fülle von Belegstellen.

Wäre der biblische Sabbat tatsächlich in den Sonntag überführt worden, hätte sich das irgendwie in den

Evangelien niederschlagen müssen, denn das wäre ein Bruch mit einer uralten Gepflogenheit gewesen. In Wirklichkeit geben die Evangelien nicht den leisesten Hinweis darauf, daß solch eine Veränderung stattgefunden hätte.

Nirgendwo ist die Rede davon, daß der Sabbat auf den Sonntag verlegt worden wäre oder der Sonntag die Nachfolge des Sabbats angetreten hätte.

Das ist ausgesprochen merkwürdig, denn wenn Christus eine so gewaltige Neuerung eingeführt hätte, wäre es unbegreiflich, daß seine „Chronisten" darüber mit völligem Stillschweigen hinweggegangen sein sollten.

30

Das Zeugnis der Apostelgeschichte

Die Apostelgeschichte erwähnt an verschiedenen Stellen ganz selbstverständlich, daß Jesu Nachfolger selbst in heidnischer Umgebung den Sabbat feierten (Apostelgeschichte 13,5; 14,42; 16,13; 17,2; 18,4; 19,8 usw.). Der erste Wochentag wird dagegen nur ein einziges Mal erwähnt: „Am ersten Tag der Woche aber, als wir versammelt waren, das Brot zu brechen, predigte ihnen Paulus, und da er am nächsten Tag weiterreisen wollte, zog er die Rede hin bis Mitternacht." (Apostelgeschichte 20,7)

Weil im Text vom „Brot brechen" die Rede ist, wird oft stillschweigend vorausgesetzt, daß hier ein Gottesdienst mit Abendmahlsfeier beschrieben wird – und zwar ein Gottesdienst am neuen christlichen Sabbat, dem Sonntag oder Herrentag. Stimmt das?

Nur zwei der insgesamt fünfzehn neutestamentlichen Belege für den Ausdruck „Brot brechen" beziehen sich auf das Abendmahl. In den meisten Fällen bedeutet es schlicht „essen". In Apostelgeschichte 2,46 beispielsweise heißt es, die Christen „waren *täglich* einmütig beieinander im Tempel und *brachen das Brot* hier und dort in den Häusern, hielten *die Mahlzeiten* mit Freude und lauterem Herzen" (Herv. v. Autor). „Brot brechen" bedeutet hier nicht das Abendmahl, sondern einfach „eine Mahlzeit einnehmen".

Apostelgeschichte 20,11 scheint anzudeuten, daß Paulus für sich allein Brot brach: „Als er hinaufgestiegen war und das Brot gebrochen und gegessen ... hatte, reiste er so ab." (EB) Hier ist nur von Paulus die Rede, wie er Brot bricht und ißt, also nicht etwa von einer Abendmahlsgemeinschaft. Auch Wein erwähnt der Abschnitt nicht.

Aber der Text (20,7-12) deutet doch auf einen Sonntagsgottesdienst der Urgemeinde hin, oder nicht?

Es scheint so, als sei die Gemeinde am Abend zusammengekommen. Wenn Lukas sich an die jüdische Zeitrechnung gehalten hat, in der ein Tag von Sonnenuntergang bis Sonnenuntergang dauerte, fand die Versammlung genaugenommen am Samstagabend statt, und anschließend führte Paulus noch einige Gespräche „bis zum Anbruch des Tages" (Vers 11).

Selbst wenn das Treffen am Sonntagabend stattgefunden hätte, dem Bericht also die römische Zeitrechnung (von Mitternacht bis Mitternacht) zugrunde läge, erweckt der Text nicht den Eindruck eines wöchentlichen Gottesdienstes. Der Zusammenhang läßt eher vermuten, daß diese Sonderversammlung nur deswegen einberufen worden war, weil Paulus am nächsten Tag abreisen mußte. So schreibt der Historiker August Neander: „Die kurz bevorstehende Abfahrt des Apostels war möglicherweise der Anlaß für ein brüderliches Abschiedsmahl der kleinen Gemeinde, wobei Paulus seine letzte Rede hielt. Das war Grund genug, dafür brauchte es keinen heiligen Sonntag."[52]

Aber ganz abgesehen davon weist nichts in diesem Vers darauf hin, daß der erste Tag der Woche an die Stelle des Sabbats getreten wäre.

Ansonsten taucht der erste Wochentag im Neuen Testament nur noch einmal im ersten Korintherbrief in Verbindung mit einer Spendenaktion auf. „An jedem ersten Tag der Woche lege ein jeder von euch bei sich etwas zurück und sammle an, soviel ihm möglich ist, damit die Sammlung nicht erst dann geschieht, wenn ich komme." (1. Korinther 16,2) Beweist dieser Vers die Heiligkeit des Sonntags?

Wie alle anderen Belege im Neuen Testament, die den ersten Tag der Woche erwähnen, äußert sich auch dieser Text nicht über die Sonntagsheiligung. Hier ist weder von einem Gottesdienst die Rede, noch von Sammlungen, die während eines Gottesdienstes stattfinden sollten. Vielmehr deutet die Wendung „bei sich etwas zurückzulegen und anzusammeln" darauf hin, daß Paulus den Christen geraten hat, für eine bestimmte Zeit jeweils am Anfang der Woche zu Hause einen Betrag zurückzulegen, da eine Sammlung zugunsten der notleidenden Glaubensgeschwister in Jerusalem und Judäa bevorstand.

F. W. Grosheide kommentiert: „Paulus vertraut den Korinthern. Er verlangt nicht, daß das Geld jede Woche von allen eingesammelt wird, sondern sie dürfen ihre Spenden aufbewahren, so daß aus vielen kleinen Beträgen allmählich bei jedem einzelnen eine beträchtliche Summe zusammenkommt."[53]

Es gibt unterschiedliche Ansichten darüber, warum Paulus gerade den ersten Tag der Woche dazu bestimmte, einen persönlichen Spendenbetrag beiseite zu legen. Manche glauben, der erste Wochentag sei damals Zahltag gewesen. Andere meinen, daß die Gemeindeglieder zu Beginn der Arbeitswoche über die Höhe ihrer Gabe entscheiden sollten, „bevor der ganze Wochenverdienst von den alltäglichen Belangen aufgezehrt wurde."[54]

Was auch der Grund gewesen sein mag, 1. Korinther 16,2 redet jedenfalls nicht vom Sonntag als heiligem Gottesdiensttag.

Aber was ist mit der Offenbarung? In Kapitel 1,10 heißt es: „Ich wurde vom Geist ergriffen am Tag des Herrn." Ist das nicht ein Beweis dafür, daß die Urgemeinde am Sonntag Gottesdienst feierte? Manche Bibelübersetzer sind sich dessen so sicher, daß sie die Wendung „Tag des Herrn" (*kyriake hemera*) gleich mit

Sonntag wiedergeben. Doch das ist höchst zweifelhaft. Nirgendwo im Neuen Testament wird der erste Tag der Woche als „heilig" oder „Tag des Herrn" bezeichnet. Selbst wenn es damals Gruppierungen gegeben haben sollte, die vom Sonntag als dem Herrentag sprachen, heißt das ja noch nicht, daß er es auch wirklich war. Genausowenig wie die Erde dadurch zum Mittelpunkt des Universums wurde, daß die Menschheit jahrhundertelang daran geglaubt hat.

Wir dürfen nicht unsere heutige Sicht vom Sonntag in diesen Ausdruck *hineinlesen*. Wir sollten vielmehr anhand der ganzen Heiligen Schrift die biblische Bedeutung *herauslesen*. Und in der Bibel wird der erste Wochentag nirgends „Tag des Herrn" genannt.

Im allgemeinen nimmt man für das Johannesevangelium ein späteres Entstehungsdatum an als für die Offenbarung. Das wirft natürlich die Frage auf, warum Johannes den Sonntag in seinem Evangelium stets als „ersten Tag der Woche" bezeichnet, wenn er ihn etwa ein Jahrzehnt vorher in der Offenbarung „Tag des Herrn" genannt hat?

Warum in aller Welt kommt niemand auf den Gedanken, Johannes könne mit „Tag des Herrn" den Sabbat gemeint haben? In Wirklichkeit ist es nämlich der Siebenten-Tags-Sabbat, auf den die Bibel als „Tag des Herrn" hinweist. In den Zehn Geboten wird der siebte Tag „der Sabbat *des HERRN, deines Gottes*", genannt (2. Mose 20,10; Herv. v. Autor). Laut Jesaja nennt Gott ihn „mein heiliger Tag" (Jesaja 58,13). In drei Evangelien bezeichnet Jesus sich selbst als „Herr über den Sabbat" (Matthäus 12,8; Markus 2,28; Lukas 6,5).

Jesus ist der Herr des Sabbattages. Es ist sein Tag, der Tag des Herrn Jesus. Oder einfach: der Tag des Herrn.

31

Auf der Suche nach einem Sonntagsgebot

Von den neun neutestamentlichen Texten, die gewöhnlich als Beweis für die Sonntagsheiligung vorgebracht werden, beziehen sich nur acht wirklich auf den Sonntag.

Davon sind sechs, wie wir im vorigen Kapitel gesehen haben, lediglich eine Zeitangabe im Zusammenhang mit der Entdeckung des leeren Grabes Jesu oder mit der Art und Weise, wie sich Christen in einem konkreten Fall auf eine Sondersammlung vorbereiten sollten. Die beiden letzten Textabschnitte handeln von Gläubigen, die sich nach dem Tod ihres Meisters versteckten, und von einer bis zum Morgengrauen andauernden Zusammenkunft mit dem Apostel Paulus.

Ich zweifele nicht daran, daß viele Christen aufrichtig davon überzeugt sind, daß der Sonntag der von Gott eingesetzte, wöchentlich wiederkehrende Ruhetag ist. Das ändert allerdings nichts an der Tatsache, daß die Sonntagsheiligung kein neutestamentliches Gebot ist, und daß der Siebenten-Tags-Sabbat weder von Christus noch von den Aposteln durch den Sonntag ersetzt wurde.

Viele Christen geben das auch unumwunden zu. In einer Veröffentlichung, die den Sonntag als christlichen Sabbat untermauern soll, schreibt Samuel A. Cartledge: „Wir müssen zugeben, daß wir auf kein direktes Gebot verweisen können, daß wir statt des siebten Tages jetzt den ersten Tag feiern sollten."[55]

Im selben Buch räumt Donald C. McHenry ein: „Der Sonntag, den wir heilighalten, wurde nicht von Jesus angeordnet."[56]

In der Einleitung eines Buches über den Sonntag schreibt D. A. Carson: „Wir sind nicht überzeugt, daß das Neue Testament unzweideutig eine ‚Verlegungs-theologie' entwickelt, wonach der Sabbat vom siebten Tag auf den ersten Tag der Woche überging."[57]

James Wesberry, Vorstandsvorsitzender der *Lord's Day Alliance*, einer Organisation zur Förderung der Sonntagsheiligung, bemerkt über den Wechsel des Sabbats zum Sonntag: „Es ist keine Mitteilung Jesu überliefert, die solch einen Wechsel autorisiert, es gibt diesbezüglich auch keine apostolische Aussage."[58]

Harold Lindsell schreibt in „Christianity Today": „Nirgendwo in der Bibel werden wir aufgefordert, statt des Samstags den Sonntag heiligzuhalten."[59]

Viele Christen glauben allerdings, daß die Heiligkeit des Sonntags in den paulinischen Schriften deutlich hervortritt. Das ist insofern erstaunlich, als Paulus den ersten Wochentag nur einmal erwähnt (1. Korinther 16,1.2), und an dieser Stelle ist vom Sonntag als einem heiligen Tag keine Rede.

Trotzdem wird bei der Sabbat-Sonntag-Diskussion immer wieder Paulus zitiert. Deshalb wollen wir einen kurzen Blick auf die häufig angeführten Belegtexte werfen. Dabei werden wir sehen, daß manche Er-kenntnisse einfach eine Frage der Auslegung sind.

Der Apostel Petrus äußerte sich in einem seiner Schreiben vorsichtig kritisch über bestimmte Passagen in den paulinischen Briefen und gab zu bedenken, daß „manches davon nur schwer zu verstehen [ist]. Und deshalb haben Leute, die entweder unwissend oder im Glauben noch nicht gefestigt sind, vieles verdreht und verfälscht." (2. Petrus 3,16 Hfa)

Tatsächlich gibt es in den Briefen des Paulus schwer verständliche Passagen, aber in der Regel werden sie einleuchtender, wenn man sie grundsätzlich von Jesus her interpretiert. Warum? Weil Paulus schrieb: „Ihr könnt sicher sein, liebe Brüder: Das Evangelium, wie ich es euch gelehrt habe, ist nicht das Ergebnis menschlicher Überlegungen. Denn auch mir hat es niemand überliefert, kein Mensch hat es mich gelehrt. Jesus selbst ist mir erschienen und hat mir sein Evangelium offenbart." (Galater 1,11.12 Hfa)

Paulus hatte die Wahrheit von Jesus Christus persönlich empfangen. Er verkündigte nur das, was Christus ihm offenbart hatte. Weil die Botschaft von Jesus kam, konnte sie auch nicht im Widerspruch zu dem stehen, was Christus zu seinen Lebzeiten gelehrt hatte.

Konkret heißt das: Schwierige Textpassagen in den paulinischen Schriften müssen von dem her interpretiert werden, was Christus gelehrt hat. Wenn eine Deutung solcher Texte der Lehre Jesu widerspricht, muß sie als falsch angesehen werden.

32

Evangelium kontra Gehorsam?

Als ich mit meinen Fragen bezüglich des Sabbats noch ziemlich am Anfang stand, gab es manchen gutgemeinten Versuch, mich vom Sabbat abzubringen.

Meist wurden Aussagen des Paulus ins Feld geführt, z. B.: „Denn ihr seid nicht länger an das Gesetz gebunden, sondern ihr lebt von der Barmherzigkeit Gottes" (Römer 6,14 Hfa) oder: „ein Mensch [wird] durch Glauben gerechtfertigt, ohne Gesetzeswerke" (Römer 3,28 EB).

Offenbar war meinen Gesprächspartnern nicht klar, was sie da eigentlich sagten. Wenn ich zu den Geboten gegen Ehebruch, Mord oder Mißbrauch des Namens Gottes Anfragen gehabt hätte, wären die genannten Texte bestimmt nicht zitiert worden. Und selbst wenn das der Fall gewesen wäre, hieße das noch lange nicht, daß der Christ vom Gehorsam gegenüber dem Gesetz Christi befreit ist.

Die Texte sagen lediglich, daß Gehorsam den Menschen nicht aus seiner Verlorenheit retten kann.

Die Bibel lehrt, daß wir alle gesündigt und Gottes Gesetz gebrochen haben, daß wir alle durch das Gesetz verurteilt sind und deshalb alle den ewigen Tod verdienen, „denn der Lohn der Sünde ist der Tod" (Römer 6,23 EB). Allein Jesus lebte in vollkommener Übereinstimmung mit diesem Gesetz und bezahlte den Preis für unsere Übertretungen. „Gott aber hat seine große Liebe gerade dadurch bewiesen, daß Christus für uns starb, als wir noch Sünder waren." (Römer 5,8 Hfa)

Wer diesen durch Christi Tod bewirkten Loskauf im Glauben annimmt, dem bleibt die Strafe erspart. „Aber was sich keiner verdienen kann, schenkt Gott in seiner Güte: Er nimmt uns an, weil Jesus Christus uns erlöst hat." (Römer 3,24 Hfa).

Wer seine Sünden zu Jesus bringt und darauf vertraut, daß sie getilgt werden, steht als Begnadigter vor Gott und wird von ihm so angenommen, als hätte er wie Jesus nie gesündigt. Grundlage dieser Rechtfertigung ist nicht unser Tun, sondern allein das, was Jesus für uns getan hat. Das ist Gerechtigkeit aus dem Glauben – die beste Neuigkeit, die es jemals gab.

Jesus hat diese frohmachende Botschaft in einem bemerkenswerten Ausspruch zusammengefaßt: „Gott hat die Menschen so sehr geliebt, daß er seinen einzigen Sohn für sie hergab. Jeder, der an ihn glaubt, wird nicht verlorengehen, sondern das ewige Leben haben." (Johannes 3,16 Hfa) Und Paulus ergänzte später: „Da wir nun gerecht geworden sind durch den Glauben, haben wir Frieden mit Gott durch unsern Herrn Jesus Christus." (Römer 5,1)

Weil nicht Gesetzeswerke, sondern nur der Glaube an Christus retten kann, erklärte Paulus, daß er lieber bei Jesus bleiben wollte, „indem ich nicht meine Gerechtigkeit habe, die aus dem Gesetz ist, sondern die durch den Glauben an Christus, die Gerechtigkeit aus Gott aufgrund des Glaubens" (Philipper 3,9 EB).

Aber die Tatsache, daß frommes Tun uns nicht aus der Verlorenheit erretten kann, bedeutet ja nicht automatisch, daß Gottes Gebote für die Lebensgestaltung des Christen nicht mehr verbindlich sind.

Ist es nicht vielmehr so, daß gerade erlöste Menschen den Wunsch und die besten Voraussetzungen dafür haben, den Weisungen Gottes gemäß zu leben? Ihnen gilt nämlich die Verheißung, daß Gott in ihnen aktiv sein will: „Deshalb bin ich auch ganz sicher, daß Gott sein Werk, das er bei euch durch den Glauben begonnen hat, zu Ende führen wird, bis zu dem Tag, an dem Jesus Christus wiederkommt." (Philipper 1,6 Hfa).

Nachdem Paulus klar gesagt hat, daß das Gesetz als solches keinen Menschen retten kann, schreibt er: „Soll das alles nun etwa bedeuten, daß Gottes Gesetz sündig ist? Natürlich nicht! Ohne die Gebote Gottes hätten wir nie erfahren, was Sünde ist. Würde es dort nicht heißen: ‚Du sollst nicht begehren ...', so wüßte ich nicht, daß meine Leidenschaften Sünde sind." (Römer 7,7 Hfa)

Paulus scheint geahnt zu haben, daß seine Ausführungen über Gesetz und Glauben mißverstanden werden könnten. Fast jedesmal, wenn er die Erlösung allein durch Glauben betonte, erinnerte er im nächsten Atemzug daran, daß der Glaube kein Freibrief zum Mißachten der Gebote ist.

Nachdem er erklärt hat: „Die Sünde hat ihre Macht über euch verloren, denn ihr seid nicht länger an das Gesetz gebunden, sondern ihr lebt von der Barmherzigkeit Gottes", fügt er hinzu: „Soll das etwa heißen, daß wir einfach weitersündigen können, weil wir uns ja der Barmherzigkeit Gottes gewiß sind und das Urteil des Gesetzes nicht mehr zu fürchten brauchen? Nein, so ist das nicht gemeint!" (Römer 6,14.15 Hfa)

Paulus läßt keinen Zweifel daran, daß uns Werke nicht retten. „Weil wir wissen, daß der Mensch durch Werke des Gesetzes nicht gerecht wird, sondern durch den Glauben an Jesus Christus, sind auch wir zum Glauben an Christus Jesus gekommen, damit wir gerecht werden durch den Glauben an Christus und nicht durch Werke des Gesetzes; denn durch Werke des Gesetzes wird kein Mensch gerecht." (Galater 2,16)

Weil er jedoch befürchtete, daß manche daraus schließen könnten, das Gesetz habe überhaupt keine Bedeutung mehr für ihr Leben, fährt er fort: „Sollten wir aber, die wir durch Christus gerecht zu werden suchen, auch selbst als Sünder befunden werden – ist dann Christus ein Diener der Sünde? Das sei ferne!" (Vers 17)

Kein Wunder, daß Paulus schreiben konnte: „Gott kommt es nicht darauf an, ob wir beschnitten sind oder nicht. Bei ihm zählt allein, ob wir seinen Geboten gehorchen." (1. Korinther 7,19 Hfa)

Paulus wußte sehr wohl, daß Gehorsam kein Weg ist, sich das Heil zu verdienen, aber ihm war auch klar, daß man die Erlösung durch Ungehorsam aufs Spiel setzt. Deshalb schrieb er: „Entscheidend ist nämlich nicht, ob man Gottes Gebote kennt. Nur wenn man auch danach handelt, wird man von Gott angenommen." (Römer 2,13 Hfa)

Jungen Christen in Ephesus riet er: „Ihr Kinder, gehorcht euern Eltern! So erwartet es Gott von euch. ‚Du sollst deinen Vater und deine Mutter ehren!' Dies ist das erste Gebot, das Gott mit einer Zusage verbunden hat." (Epheser 6,2 Hfa). Wenn Paulus das *fünfte* Gebot für Christen als verbindlich ansah, wie kann man dann auf die Idee kommen, er hätte das *vierte* fallen lassen?

Meine christlichen Bekannten redeten vom Neuen Bund, der das Gesetz verändert oder sogar aufgehoben habe. Darum seien Christen auch nicht mehr genötigt, den Sabbat zu halten. Merkwürdigerweise bezogen sie dieses Freisein vom Gesetz aber nur auf das vierte Gebot und nicht auf die anderen neun Gebote.

Das erschien mir nicht schlüssig, zumal von dem neuen Bund gesagt wird: „Der neue Bund ... wird ganz anders aussehen: Ich schreibe mein Gesetz in ihr Herz, es soll ihr ganzes Denken und Handeln bestimmen." (Jeremia 31,33 Hfa)

Ich kann nicht erkennen, daß den Geboten Gottes im neuen Bund keine Bedeutung mehr zukommt, sondern verstehe diese Verheißung eher so, daß der Gehorsam gegenüber dem Willen Gottes von anderer Qualität ist. Er ist kein Gehorchenmüssen mehr, sondern ein Gehorchenwollen.

„So ist also das Gesetz heilig, und das Gebot ist heilig, gerecht und gut", schreibt Paulus (Römer 7,12). Hören wir genau hin, was Paulus hier gesagt hat: Das Gesetz *ist* heilig, es *ist* gerecht, es *ist* gut. Nur eins ist es nicht: Es ist nicht unser Retter!

Es ist völlig richtig, was meine Bekannten so gern zitierten, „daß ein Mensch durch Glauben gerechtfertigt wird, ohne Gesetzeswerke" (Römer 3,28 EB). Ich frage mich allerdings, warum sie niemals den Vers 31 erwähnten, in dem Paulus den Faden weiterspinnt: „Bedeutet das etwa, daß wir durch den Glauben das Gesetz Gottes abschaffen? Nein, im Gegenteil! Wir bringen es neu zur Geltung." (Hfa)

33

Warum wird der Sabbat nicht erwähnt?

Es besteht kein Zweifel darüber, daß Paulus an der Gültigkeit der Zehn Gebote festhielt, obwohl er davon überzeugt war, daß der Mensch allein aus Gnaden errettet wird. Die Frage ist allerdings: Wie hielt er es mit dem Sabbat?

„Wie nun Paulus gewohnt war", besuchte er in Thessalonich eine jüdische Synagoge. So schilderte es Lukas in Apostelgeschichte 17,2. Mit demselben Ausdruck beschreibt er in seinem Evangelium die Sabbatheiligung Jesu (Lukas 4,16). Die Abfassung der Apostelgeschichte wie auch die darin beschriebenen Ereignisse geschahen Jahre und Jahrzehnte nach Jesu Tod. Wenn der Sabbat inzwischen auf den Sonntag verlegt worden wäre, hätte Lukas diese einschneidende Veränderung mit Sicherheit erwähnt.

Statt dessen heißt es in der Apostelgeschichte mehrfach, daß Paulus am Sabbat in den Synagogen predigte – zu Juden und Nichtjuden. Als der Apostel zum Beispiel in der Synagoge von Antiochia in Pisidien gepredigt hatte, „baten die Leute, daß sie am nächsten Sabbat noch einmal von diesen Dingen redeten … Am folgenden Sabbat aber kam fast die ganze Stadt zusammen, das Wort Gottes zu hören." (Apostelgeschichte 13,42.44) In Korinth „lehrte [Paulus] in der Synagoge an allen Sabbaten und überzeugte *Juden und Griechen*." (Apostelgeschichte 18,4; Herv. v. Autor)

Über den Aufenthalt in Philippi berichtet Lukas in der Wir-Form: „Am Sabbattag gingen wir hinaus vor die Stadt an den Fluß, wo wir dachten, daß man zu beten pflegte, und wir setzten uns und redeten mit den

Frauen, die dort zusammenkamen." (Apostelgeschichte 16,13) Bei dieser Gelegenheit kam eine *gottesfürchtige* Frau zum Glauben an Christus (Verse 14.15; *gottesfürchtig* war damals die Umschreibung für einen Nichtjuden, der sich zum Judentum hingezogen fühlte).

Nirgendwo versuchte Paulus, neubekehrte Menschen von der Sabbatheiligung abzubringen und zum Feiern des ersten Tags der Woche zu bewegen. Auch wenn er es mit Nichtjuden zu tun hatte, ist nie vom Sonntag die Rede.

Als sich immer mehr Nichtjuden der christlichen Gemeinde anschlossen, pochten einige Judenchristen darauf, daß diese Leute sich beschneiden lassen und das Gesetz Moses halten müßten (Apostelgeschichte 15,1.5). Nach einer hitzigen Debatte in Jerusalem beschlossen Paulus und die anderen Jünger, daß die Heidenchristen „sich enthalten sollen von Befleckung durch Götzen und von Unzucht und vom Erstickten und vom Blut" (Vers 20).

Manche meinen irrtümlicherweise, daß dieser Vers *alle* Vorschriften aufzähle, die „Heidenchristen" zu beachten hatten. Durften Christen, die nicht aus dem Judentum kamen, also stehlen, lügen, töten oder den Namen Gottes mißbrauchen, nur weil das Konzil dazu nicht ausdrücklich Stellung genommen hatte?

Bestimmt nicht. Offensichtlich ging es gar nicht um die Frage, ob die Zehn Gebote weiterhin gültig seien oder nicht. Vielmehr mußte ein Weg gefunden werden, wie Christen heidnischer und jüdischer Herkunft miteinander leben konnten, ohne einander zum Anstoß zu werden. „Was der Jerusalemer Rat geregelt hat", schreibt Walter Specht, „war der Umgang zwischen Juden- und Heidenchristen."[60] Bestimmte heidnische Sitten, die Juden als skandalös empfanden, wurden verboten, jedoch nicht auf Kosten der Zehn Gebote.

Die Tatsache, daß das Jerusalemer Konzil den Sabbat nicht erwähnt, beweist nicht, daß dieser Tag für die Christengemeinde keine Bedeutung mehr gehabt hätte. Das träfe dann nämlich auch auf die anderen Gebote zu, von denen in der Verlautbarung der Apostelversammlung ebenfalls nicht die Rede ist. Hätte die junge Gemeinde vorgehabt, den bisherigen Ruhetag abzuschaffen oder durch einen anderen Feiertag zu ersetzen, hätten die Judenchristen, die schon die Beschneidung und das Gesetz Moses nicht aufgeben wollten, erst recht um den Sabbat gekämpft!

Daß der Sabbat in der Auseinandersetzung nicht auftaucht, deutet eher darauf hin, daß er auch von den Nichtjuden nicht in Frage gestellt wurde, weil viele schon vor ihrer Bekehrung am Sabbat in die Synagoge gegangen waren, wie es die Apostelgeschichte andeutet.

Paulus gebrauchte manchmal die Anrede „Männer von Israel und die ihr Gott fürchtet" (Apostelgeschichte 13,16 EB) oder „Ihr Brüder, Söhne des Geschlechts Abrahams und die unter euch Gott fürchten" (Vers 26 EB). „Die Gott fürchten" waren Heiden, die dem Judentum innerlich nahestanden. Die Apostelgeschichte erwähnt mehrmals solche Nichtjuden, die den jüdischen Glauben schon übernommen hatten, bevor sie Jesus gehört hatten. Diese Gläubigen kannten den Sabbat offensichtlich, und unter diesen Menschen hatte Paulus die größten Erfolge.

Vor fast 2000 Jahren schrieb Flavius Josephus: „Es gibt keine Stadt bei den Griechen oder bei den Barbaren oder bei irgendeiner Nation, zu der unsere Sitte, am siebten Tag zu ruhen, nicht vorgedrungen ist."[61] Wahrscheinlich stand der Sabbat in der Urgemeinde nie zur Diskussion, weil er den Heidenchristen schon längst bekannt war.

34

Jeder wie es ihm gefällt?

Eine weitere Bibelstelle, die häufig gegen den Sabbat angeführt wird, findet sich in Römer 14,1-6:

„Nehmt auch den ohne Vorbehalte an, der als Christ meint, vieles ängstlich meiden zu müssen. Verwirrt ihn nicht dadurch, daß ihr über unterschiedliche Ansichten streitet. So essen die einen alles, ohne daß ihr Glaube in Gefahr gerät, während andere meinen, sich zu versündigen, wenn sie Fleisch essen. Niemand sollte deswegen auf die im Glauben Schwachen verächtlich herabschauen. Diese wiederum haben nicht das Recht, jemanden zu verurteilen, weil er das Fleisch der Opfertiere ißt. Denn Gott hat den einen wie den anderen in seine Gemeinschaft aufgenommen. Du bist nicht der Herr deines Nächsten. Mit welchem Recht willst du ihn also verurteilen … *Es gibt Leute, für die bestimmte Tage von besonderer Bedeutung sind. Für andere wieder sind alle Tage gleich. Das soll jeder so halten, wie es nach seiner Überzeugung richtig ist. Wer nämlich Fastentage einhält, der will damit Gott ehren. Und wer an solchen Tagen ißt, der ehrt auch Gott, denn im Gebet dankt er ihm für das Essen.*" (Hfa; Herv. v. Autor)

Der Grundsatz des Apostels Paulus scheint hier zu lauten: „Tut, was ihr für richtig haltet, aber verachtet den anderen nicht, weil er sich anders verhält als ihr!" Paulus zu unterstellen, es ginge ihm hier um das Sabbatgebot, ist ziemlich weit hergeholt.

An einer anderen Stelle betont der Apostel: „Beschnitten sein ist nichts, und unbeschnitten sein ist nichts, sondern: Gottes Gebote halten." (1. Korinther 7,19) Angesichts solcher Äußerungen ist es absurd zu meinen, Paulus habe das Halten der Gebote vom persönlichen Geschmack abhängig gemacht, während Christus, sein Herr, die Gebote so ernst nahm, daß er unreine Gedanken als Ehebruch und Haß als Mord brandmarkte.

An dieser Stelle geht es Paulus nicht einmal um die mosaischen Speisevorschriften, ganz zu schweigen von den Zehn Geboten. Möglicherweise hat er aus Gründen, die wir nicht kennen, zu der Frage Stellung genommen, ob Christen Fleisch essen dürfen oder vegetarisch leben sollten.

Einige Gläubige – Paulus bezeichnet sie als „schwach" – ernährten sich offenbar rein pflanzlich, während andere auch tierische Produkte aßen. Dann, als eine Art Ergänzung seines Gedankens, spricht Paulus über Leute, für die manche Tage etwas Besonderes sind, während für andere jeder Tag denselben Stellenwert hat. Er geht mit dieser Frage genauso um wie mit dem Vegetarismus. *„Wenn du lieber kein Fleisch ißt, gut; wenn du es ißt, auch gut. Wenn dir manche Tage wichtiger sind als andere, gut; wenn nicht, auch gut."*

Vielleicht ging es auch darum, daß manche Gemeindeglieder sich scheuten, Fleisch zu kaufen, da sie nicht wußten, ob das Tier bei der Schlachtung einem Götzen geweiht worden war. Deshalb verzichteten sie lieber ganz auf Fleisch, als zu riskieren, sich vor Gott schuldig zu machen. Und bei den „bestimmten Tagen", von denen Paulus spricht, ging es vom Zusammenhang her ganz gewiß nicht um den Sabbat des vierten Gebots, sondern wohl eher um religiöse Fastenzeiten.

Mit anderen Worten: Paulus diskutierte ein Problem, das *außerhalb des biblischen Gesetzes* lag, also absolut nichts mit den Zehn Geboten, speziell dem Sabbat, zu tun hatte.

35

Macht euch kein Gewissen …

Eine weitere paulinische Aussage, die zu Unrecht gegen den Sabbat ins Feld geführt wird, steht in Kolosser 2,16.17: „So laßt euch nun von niemandem ein schlechtes Gewissen machen wegen Speise und Trank oder wegen eines bestimmten Feiertages, Neumondes oder Sabbats. Das alles ist nur ein Schatten des Zukünftigen; leibhaftig aber ist es in Christus." Beweist dieser Abschnitt, daß der Sabbat für Christen nicht mehr gilt?

Auch hier hängt alles vom Textzusammenhang ab. Die Christen in Kolossä scheinen sich an zahlreiche Vorschriften gehalten zu haben, von denen viele nichts mit dem Evangelium zu tun hatten: „Wenn ihr nun mit Christus den Mächten der Welt gestorben seid, was laßt ihr euch dann Satzungen auferlegen, als lebtet ihr noch in der Welt: Du sollst das nicht anfassen, du sollst das nicht kosten, du sollst das nicht anrühren? Das alles soll doch verbraucht und verzehrt werden. *Es sind Gebote und Lehren von Menschen"* (Kolosser 2,20-22; Herv. v. Autor; siehe auch Vers 8).

Mit Sicherheit ging es hier nicht um den wöchentlichen Ruhetag oder ein anderes der Zehn Gebote, denn die sind nicht „Lehren von Menschen".

Die meisten Bibelausleger sind sich darüber einig, daß die Kolosser zeremonielle jüdische Vorschriften mit heidnischer Askese vermischten. „Verehrung der Engel" (Vers 18) war ein Teil davon. Paulus urteilt über die Anhänger dieses Systems, daß sie „zwar einen Schein von Weisheit haben durch selbsterwählte Frömmigkeit und Demut und dadurch, daß sie den Leib nicht schonen; sie sind aber nichts wert und befriedigen nur das

Fleisch" (Vers 23). Warum auch immer die Kolosser von Paulus Schelte bezogen – daß sie die Zehn Gebote noch hielten, war jedenfalls nicht der Grund.

Es ist hier nicht anders als bei dem oben behandelten Abschnitt aus dem Römerbrief: Paulus spricht ganz gewiß nicht vom Siebenten-Tags-Sabbat. Die Feiertage, Neumonde und Sabbate werden „ein Schatten des Zukünftigen" genannt (Vers 17). Das zeremonielle Gesetz, das auch verschiedene, jedes Jahr wiederkehrende (Fest-)Sabbate kannte, war ein Schatten des Zukünftigen, aber nicht der wöchentliche Sabbattag, der noch vor dem Sündenfall eingesetzt worden war.

In Vers 14 heißt es, daß der „Schuldbrief … an das Kreuz geheftet" worden ist. Warum sollte hier auch der Siebenten-Tags-Sabbat gemeint sein? Als Jesus über die Zerstörung Jerusalems sprach, ein Ereignis, das vierzig Jahre nach seinem Tod am Kreuz eintreten sollte, forderte er selber seine Nachfolger auf: „Bittet aber, daß eure Flucht nicht geschehe im Winter *oder am Sabbat.*" (Matthäus 24,20; Herv. v. Autor) Daß der Sabbat ans Kreuz geheftet werden sollte, wußte offenbar nicht einmal der Herr des Sabbats.

Es ist auch deswegen undenkbar, daß Paulus an dieser Stelle die Zehn Gebote meinte, weil er schon im nächsten Kapitel unter anderem vor böser Begierde, Götzendienst und Lüge warnt (Kolosser 3,5.9).

Der Methodist Adam Clarke schreibt: „Man entdeckt hier keinerlei Hinweis darauf, daß der *Sabbat* aufgegeben oder seine gesetzliche Verbindlichkeit durch die Entstehung des Christentums hinfällig würde."[62]

Kolosser 2,16 zeigt auf den zweiten Blick, daß Paulus die Beachtung jener Feiertage, Neumonde und Sabbate nicht einmal verurteilt. Seine Meinung darüber war lediglich, „laßt euch von niemandem ein schlechtes Gewissen machen". Wie im Römerbrief, so erscheint es auch hier höchst unwahrscheinlich, daß Paulus dem Siebenten-Tags-Sabbat oder den Zehn Geboten gegenüber solch eine laxe Haltung einnehmen würde, zumal er bei anderer Gelegenheit Ungehorsam scharf verurteilte. Der einzig sinnvolle Schluß ist, daß Paulus nicht vom Siebenten-Tags-Sabbat sprach, sondern von Festsabbaten, die aus dem jüdischen Jahreszyklus übernommen worden waren.

Ein ähnlicher Text findet sich im Galaterbrief. Paulus mußte die Gläubigen daran erinnern, daß „zu der Zeit, als ihr Gott noch nicht kanntet, dientet ihr denen, die in Wahrheit nicht Götter sind. Nachdem ihr aber Gott erkannt habt, ja vielmehr von Gott erkannt seid, wie wendet ihr euch dann wieder den schwachen und dürftigen Mächten zu, denen ihr von neuem dienen wollt? Ihr haltet bestimmte Tage ein und Monate und Zeiten und Jahre." (Galater 4,8-10)

Hielt Paulus den Sabbat für „schwach und dürftig"? Ebensowenig, wie sich Jesus etwa als „Herrn über den schwachen und dürftigen Sabbat" bezeichnete.

Wenn es überdies so unangenehm war, dem Sabbat zu „dienen", daß Paulus die Galater rügen mußte, weil sie ihre neugewonnene Freiheit vom Sabbat leichtfertig aufs Spiel gesetzt hätten, war dann der erste Sabbat nach der Erschaffung der Welt für den Schöpfer auch eine unangenehme Erfahrung? Oder war es für Jesus erniedrigend, den Sabbat mehr als dreißig Jahre lang zu halten?

Sowohl im Galaterbrief als auch in den Schreiben an die Römer und Kolosser hat Paulus mit Sicherheit nicht gelehrt, daß Gottes Gesetz aufgehoben sei, geschweige denn das Sabbatgebot, das Jesus selbst so kompromißlos eingehalten und vertreten hat.

36

Nur ein Symbol der ewigen Sabbatruhe?

Vor Jahren erzählte ich einmal zwei Christen, die zu einer charismatischen Gruppe gehörten, von meiner Überzeugung, daß der Sabbat immer noch Bedeutung habe. Zunächst schienen sie beeindruckt zu sein, doch dann meinte der eine, Hebräer 4 sei ein Beleg dafür, daß der Sabbat aufgehoben ist. Trifft das zu?

Hebräer 3 bezeichnet unsere Erlösung symbolisch als „Ruhe". Als Beispiel führt der Verfasser den Einzug der Kinder Israel ins Land Kanaan an. „Und über wen war Gott zornig vierzig Jahre lang? War es nicht über die, die sündigten und deren Leiber in der Wüste zerfielen? Wem aber schwor er, daß sie nicht zu seiner Ruhe kommen sollten, wenn nicht den Ungehorsamen?" (Hebräer 3,17-19)

Dieser Gedanke wird in Kapitel 4 weitergeführt. „So laßt uns nun mit Furcht darauf achten, daß keiner von euch etwa zurückbleibe, solange die Verheißung noch besteht, daß wir zu seiner Ruhe kommen." (Vers 1)

Dann bringt er den Sabbat ins Spiel, und zwar als Symbol einer anderen Ruhe – der Ruhe der Erlösung durch Christus. „Denn so hat er an einer andern Stelle gesprochen vom siebenten Tag: ‚Und Gott ruhte am siebenten Tag von allen seinen Werken' ... ‚Sie sollen nicht zu meiner Ruhe kommen.' Da es nun bestehen bleibt, daß einige zu dieser Ruhe kommen sollen, und die, denen es zuerst verkündigt ist, nicht dahin gekommen sind wegen des Ungehorsams, bestimmt er abermals einen Tag" (Vers 4-7).

Obwohl Gottes Volk diese Erlösung oder Ruhe wiederholt verfehlt hat, hält der Verfasser daran fest, daß noch immer „eine Ruhe vorhanden [ist] für das Volk Gottes" (Vers 9). Dann kommt er wieder auf den Sabbat als Symbol der Erlösung zurück und ermahnt seine Leser: „Denn wer zu Gottes Ruhe gekommen ist, der ruht auch von seinen Werken *so wie Gott von den seinen.* So laßt uns nun bemüht sein, zu dieser Ruhe zu kommen, damit nicht jemand zu Fall komme durch den gleichen Ungehorsam." (Vers 10.11; Herv. v. Autor)

Einige sagen, daß der Sabbat hier seine ursprüngliche Funktion verloren hat und nur noch als Symbol der endgültigen „Ruhe" in Christus dient.[63] Andere meinen, daß der Sabbat geradezu bestätigt wird.[64] Wer hat recht?

Der Sabbat wird als ein Vorgeschmack der Erlösung durch Christus dargestellt. Nirgendwo wird gesagt, daß er nicht mehr gültig ist. Der Autor benutzt den Sabbat einfach als Beispiel dafür, daß Christen von ihren eigenen Werken ruhen können, genauso wie Gott es bei der Schöpfung tat.

Wenn der Sabbat durch den Sonntag abgelöst oder ausgetauscht worden wäre, wäre er als Symbol kaum noch brauchbar gewesen. Daß er vom Schreiber des Hebräerbriefes als Beispiel benutzt wurde, deutet darauf hin, daß der Sabbat damals allgemein anerkannt war. Wäre die Sabbatfeier zu jener Zeit umstritten gewesen, hätte der Verfasser seinen Lesern wenigstens eine Erklärung dafür geben müssen, warum er gerade diesen Tag als Symbol verwendete. Das war nicht der Fall.

Bei genauem Hinsehen entpuppt sich auch dieser Abschnitt als wortloser Zeuge für die unveränderte Gültigkeit des Sabbats.

37

Wie kam der Sonntag in die Kirche?

Wenn Jesus die Menschen lehrte, den Siebenten-Tags-Sabbat zu halten, nicht den Sonntag, wenn die Apostel und Jünger den Sabbat feierten, nicht den Sonntag, und wenn die Bibel sagt, daß Gott den Sabbat heiligte, nicht den Sonntag – warum halten dann die meisten Christen den Sonntag und nicht den Siebenten-Tags-Sabbat?

Die Antwort ergibt sich aus der Frühgeschichte der Kirche. Das Christentum entstand im Land der Juden. Seine Bibel, seine ersten Anhänger, seine ersten Führer und sogar der Messias waren jüdischer Herkunft. Auch sein Sabbat war „jüdisch". Die junge Christenheit hatte viel mit Juden zu tun, und das war für beide Seiten nicht unproblematisch.

Weil sich die Juden in jener Zeit immer wieder gegen die römische Besatzungsmacht auflehnten, hatte sich im Römischen Reich ein gewisser Antijudaismus breitgemacht. Viele Christen wollten es möglichst vermeiden, auch noch in diese Auseinandersetzungen hineingezogen zu werden; es war schon schlimm genug, daß manche von ihnen eingekerkert, wilden Tieren zum Fraß vorgeworfen oder ans Kreuz geschlagen wurden.

Samuele Bacchiocchi, der in einer umfangreichen Arbeit den Wechsel vom Sabbat zum Sonntag dargestellt hat, beschreibt die Reaktion der Christen auf den wachsenden Judenhaß: „Viele vermieden es bewußt, auch nur entfernt einen jüdischen Eindruck bei den Römern zu erwecken, vor allem in der Hauptstadt Rom. Besonders zur Zeit Kaiser Hadrians (117-138

n. Chr.) war eine klare Distanzierung von den Juden dringend notwendig, weil immer härter gegen sie vorgegangen wurde."[65]

Was bedeutete die Distanzierung vom Judentum konkret? Eine Entwicklungslinie lief darauf hinaus, daß man sich mehr und mehr vom Sabbat löste. Wenn man bedenkt, daß „der Sabbat nicht nur gegen Hadrians Edikt stand, sondern außerdem in der griechischen und lateinischen Literatur ständig attackiert und verrissen wurde, überrascht es nicht, daß viele Christen dem Judentum eine Absage erteilten, indem sie speziell jüdische Elemente wie den Sabbat aus ihrer Religion verbannten und andere an ihre Stelle setzten."[66]

Auch gesellschaftliche Faktoren spielten mit hinein. Der Sonntag war im religiösen Leben der Römer zu jener Zeit schon fest verankert. Deshalb fiel den Heiden die Bekehrung zu der neuen Religion leichter, wenn sie sich in der Kirche nicht erst auf den „jüdischen" Sabbat umstellen mußten, sondern bei ihrem heiligen Tag bleiben konnten.

Zu Beginn des vierten Jahrhunderts hatte sich der Sonntag auch unter den Christen bereits so eingebürgert, daß Konstantin der Große gesetzlich verfügte, daß „alle Richter, Städter und Handwerker am ehrwürdigen Tag der Sonne ruhen sollen". Durch die römisch-katholische Kirche wurde die Sonntagsfeier während der nächsten Jahrhunderte zu einer festen Einrichtung und zugleich zum äußeren Zeichen ihres Machtanspruchs.

„Wir feiern Sonntag statt Samstag", erklärt ein Katechismus, „weil die katholische Kirche auf dem Konzil von Laodizea (336 n. Chr.) die Heiligkeit des Samstags auf den Sonntag übertragen hat."[67]

„Seit mehr als tausend Jahren", heißt es in einer katholischen Veröffentlichung, „hat die katholische Kirche kraft ihres göttlichen Auftrags den Feiertag von Samstag auf Sonntag verlegt. Als der Protestantismus entstand, mußte er einsehen, daß er gegen einen derart tief verwurzelten christlichen Sabbat nichts ausrichten konnte ... Der christliche Sabbat ist daher anerkanntermaßen bis auf den heutigen Tag der Stammhalter der katholischen Kirche."[68]

Viele Jahrhunderte hindurch haben die meisten Christen den Sonntag als „christlichen" Sabbat gefeiert. Aber aus biblischer Sicht ist der Sonntag weder christlich noch der Sabbat.

38

Sabbat oder Sonntag – ist das wichtig?

Angenommen, der Samstag ist tatsächlich der neutestamentliche Sabbat – ist das wirklich so wichtig?

Als Gott die ersten Menschen vor dem Griff zur verbotenen Frucht warnte, hat er es da ernst gemeint? Als er Noah und dessen Zeitgenossen vor der Sintflut warnte oder Lot auf den Untergang Sodoms aufmerksam machte, war es ihm da ernst mit seinen Warnungen?

Meinte Gott wirklich, was er sagte, als er den Juden die Rückkehr aus dem babylonischen Exil zusagte oder vom Kommen des Erlösers sprach? Und als er bestimmte, daß der *siebte* Tag – nicht der erste, der dritte oder der fünfte – als „Sabbat des Herrn, deines Gottes" gehalten werden sollte, meinte er da auch, was er sagte? Ich kann auf all diese Fragen nur antworten: Zweifellos meinte er es ernst!

Mit welchem Recht haben sich dann Christen – aus welchen Gründen auch immer – auf den ersten Tag der Woche als Feiertag festgelegt, obwohl Gott den siebten Tag ausgewählt hat?

Daß es gerade der siebte Tag sein soll, obwohl der sich äußerlich durch nichts von den anderen Wochentagen unterscheidet, berechtigt keineswegs zur Gleichgültigkeit, im Gegenteil: genau das ist das stärkste Argument *für* den Sabbat.

Der Tag, die Monate und das Jahr sind anhand der Bewegung von Sonne, Mond und Sternen astronomisch bedingte Zeiträume. Der in den Sabbat einmündende Wochenrhythmus ist es nicht. Er steht in keinerlei Verbindung zu den Abläufen in der Natur, hat also auch keinen naturgegebenen praktischen Nutzen. Ich spreche hier nicht vom Sabbatgebot, das selbstverständlich seinen Wert hat, sondern von dem Tag an sich, der eigentlich ein Tag wie jeder andere ist. Im Prinzip wäre jeder andere Wochentag genauso als Ruhetag geeignet wie der Samstag. Deshalb ist das Feiern des Sabbats im wahrsten Sinne des Wortes ein Glaubensakt.

Nicht zu töten, zu stehlen oder die Ehe zu brechen ist auch von praktischem Nutzen, wenn man keine Beziehung zu Gott oder Christus hat. Es gibt viele Atheisten, die das auch nicht tun. Wer jedoch dem vierten Gebot gehorcht, beweist damit, daß sein Leben auch eine vertikale Dimension hat.

„Wenn ein Christ den Sabbattag achtet und heilighält", schreibt Raoul Dederen, „dann hat allein Gottes Gebot und seine Autorität als Schöpfer ihn dazu bewegt. Der Sabbat verrät darum oft mehr über die Frömmigkeit einer Person als irgendein anderes Gebot, und wie im alten Israel, ist er oft ein größerer Treuebeweis als irgend etwas anderes."[69]

Wer den Sabbat hält und nicht irgendeinen anderen Tag, hat dafür keinen besonderen, praktischen Grund, schon gar nicht in einer am Sonntag orientierten Gesellschaft, wo die Sabbatfeier „eine radikale, bewußte und wohlüberlegte Entscheidung für Christus voraussetzt".[70]

Wenn Christen den siebten Tag halten, tun sie das: Weil Gott es so will! Für einen Menschen, der sich aus Gnaden errettet weiß, ist das Grund genug.

39

Der Sabbat – Zeichen der Erlösung

Keine Frage, daß Sabbathalten auch in einer gesetzlichen Sackgasse enden kann. Die Pharisäer sorgten dafür, daß der Herr des Sabbats ans Kreuz gehängt wurde. Dann beeilten sie sich, nach Hause zu kommen, um den Sabbat pünktlich zu beginnen.

Sie kannten den Sabbat, aber nicht seinen Herrn. Und trotzdem „ist es nicht Gesetzlichkeit oder im Widerspruch zur Rettung aus Gnade, wenn ein bekehrter Mensch den siebten Tag feiert", schreibt Robert Shuler. „Vielmehr ist das Sabbatgebot – als einzige Vorschrift im Gesetz – gerade ein Zeichen für Freiheit von Sünde und ein neues Leben allein durch Gnade."[71]

Ursprünglich nur ein Zeichen der Schöpfung, wurde der Sabbat nach dem Sündenfall zum Symbol der Erlösung durch Christus. Der siebte Tag erzählt von der Rechtfertigung, die Christus für uns erworben hat, und von der Heiligung, die er jeden Tag an uns bewirkt. Der Sabbat bezeugt, daß unsere Erlösung vollständig aus der Hand Gottes kommt.

Im fünften Buch Mose existiert eine zweite Version der Zehn Gebote. Dort wird der Sabbat damit begründet, daß die Israeliten sich an diesem Tag an ihre Befreiung aus der ägyptischen Sklaverei erinnern sollten (5. Mose 5). Der Sabbat ist also nicht nur ein Hinweis auf die Schöpfung, sondern auch Zeichen unserer neuen Freiheit und Erlösung durch Christus.

Als ein Sinnbild für die Rechtfertigung hält uns der Sabbat unsere Abhängigkeit von Gott, unserem Erlöser, vor Augen. Am Sabbat ruhen wir von unserer Arbeit und vertrauen auf das, was er für uns getan hat und tut. Als der erste Sabbat gefeiert wurde, standen unsere Ureltern mit leeren Händen vor Gott. Sie ruhten einfach in dem, was er für sie geschaffen hatte. Unsere Situation ist nicht viel anders – wir bauen nicht nur auf Gottes schöpferische Kraft, sondern auch auf seine Erlösermacht.

„Wenn wir verstanden haben, daß am Sabbat all unsere Leistungen und unsere ungläubige Eigenwilligkeit wertlos sind, werden wir ihn niemals als Mittel der Selbstrechtfertigung mißbrauchen", schreibt Sakae Kubo. „Der Sabbat ist in der Tat das Zeichen göttlicher Gnade und Souveränität und menschlicher Bedürftigkeit und Abhängigkeit."[72]

Der Sabbat verkörpert auch die schöpferische Kraft Gottes, die uns zu neuen Menschen macht. „Ich gab ihnen auch meine Sabbate zum Zeichen zwischen mir und ihnen, damit sie erkannten, daß ich der HERR bin, der sie heiligt." (Hesekiel 20,12) Jesus möchte uns nicht nur vergeben, er will uns verändern und ganz neu machen. Darum sagte er auch: „Ihr müßt von neuem geboren werden." (Johannes 3,7) Nur Gott kann diesen schöpferischen Prozeß der Wiedergeburt vollbringen.

„Darum: Ist jemand in Christus, so ist er eine neue Kreatur; das Alte ist vergangen, siehe, Neues ist geworden." (2. Korinther 5,17) „Erneuert euch aber in eurem Geist und Sinn und zieht *den neuen Menschen* an, der nach Gott geschaffen ist in wahrer Gerechtigkeit und Heiligkeit." (Epheser 4,23.24; Herv. v. Autor)

Der Sabbat ist Symbol für beides: für die geschaffene Welt und für den in Christus neugeschaffenen Menschen. In diesem Bewußtsein Sabbat zu feiern, ist ein offenes Bekenntnis zu der Gnade, die beides bewirkt: Vergebung und Befreiung.

Der Sabbat gibt die Richtung an

„Zeit", schreibt William Carlos Williams, „ist ein Sturm, in dem jeder die Orientierung verliert."

Der Sabbat ist der Kompaß, der uns immer wieder die Marschrichtung anzeigt, denn er weist auf den Einen, dem Raum und Zeit unterstehen. Indem wir den Sabbat heiligen, bekennen wir uns zu dem Gott, der Herrscher ist über jedes Atom und jeden Augenblick. Zeit ist ein Geschenk Gottes an seine Geschöpfe. Indem wir Sabbat feiern, bedanken wir uns beim Geber für diese Gabe.

Von der ersten Woche im Paradies an bestand der Sinn des Sabbats vor allem darin, den Schöpfer, den wahren Gott, zu ehren. Anbetung und Gottesdienst sind im Leben der Gläubigen zu allen Zeiten unersetzbar gewesen. Das Buch der Offenbarung lehrt uns, daß es vor der Wiederkunft Christi erneut so sein wird.

In der Offenbarung taucht eine abgefallene, politisch-religiöse Macht auf, die „das Tier" genannt wird (Tiere bedeuten in der biblischen Prophetie meist politische Mächte). Johannes beschreibt, daß diese Macht die Welt zwingen wird, „das Bild des Tieres *anzubeten*" (Offenbarung 13,15; Herv. v. Autor).

Das heißt, daß die Menschen mit Gewalt dahin gebracht werden, einem bestimmten Aspekt der Macht dieses Tieres Verehrung zu zollen.

Auf der anderen Seite hören wir, wie ein Engel vom Himmel die Menschheit aufruft: *„Betet an* den, der gemacht hat Himmel und Erde und Meer und die Wasserquellen!"*, also den Schöpfer, den wahren Gott (Offenbarung 14,7; Herv. v. Autor).

Die Worte des Engels erinnern an das vierte Gebot, wo ebenfalls dazu aufgefordert wird, den anzuerkennen, der „Himmel und Erde gemacht [hat] und alles, was darinnen ist", also auch hier den Schöpfer, den wahren Gott (2. Mose 20,11).

Die Gruppe, die dem Tier ihre Verehrung verweigert und statt dessen Gott anbetet, wird mit den Worten beschrieben: „Hier sind, die da halten die Gebote Gottes und den Glauben an Jesus" (Offenbarung 14,12).

Das vierte „Gebot Gottes" weist als einziges ausdrücklich auf Gottes schöpferische Macht hin und begründet damit seinen Anspruch auf Anbetung. Das könnte darauf hindeuten, daß der Sabbat in der endzeitlichen Auseinandersetzung um die wahre Anbetung eine Schlüsselstellung einnimmt.

„Das ist die Liebe zu Gott, daß wir seine Gebote halten" (1. Johannes 5,3), und eines seiner Gebote lautet „am *siebenten* Tag" – nicht am dritten, ersten oder fünften – „ist der Sabbat des HERRN, deines Gottes" (2. Mose 20, 10; Herv. v. Autor). Es kommt nicht darauf an, wieviel Menschen aufrichtigen Herzens den Sonntag gefeiert haben oder noch feiern, wieviel Gutes dieser Tag bewirkt hat, wie sehr er zum festen Bestandteil des Christentums geworden ist.

Maßgebend ist allein, welchen Tag Gott zum Sabbat erklärt hat. Jesus äußerte sich einmal sehr kritisch über die Frömmigkeit bestimmter Gruppierungen im damaligen Judentum, die es sich mit der Religion nicht leicht gemacht hatten: „Ihr Gottesdienst ist wertlos, weil sie ihre menschlichen Gebote als Gebote Gottes ausgeben." (Matthäus 15,9 Hfa)

Natürlich hat es schon immer gläubige Christen gegeben, die den Sonntag gehalten haben; es gibt sie auch heute noch. Wir dienen einem Gott, der uns trotz unserer Mängel liebevoll annimmt, und nicht unser

Wissen ist unsere Rettung, sondern seine Gnade. Ich glaube nicht, daß Gottes Liebe davon abhängt, ob jemand den Sabbat feiert oder den Sonntag. Im Zusammenhang mit dem Sabbat bewegt mich nicht die Frage, ob Gott *mich* liebt, sondern wie sehr ich *ihn* liebe.

Was geschieht, wenn wir zu einer neuen Erkenntnis gelangen: Setzen wir sie dann aus Liebe zu Jesus in die Tat um – nicht um gerettet zu werden, sondern als bereits Gerettete?

Anmerkungen

1 Petersen, Eugene, „Confessions of a Former Sabbath Breaker" in „Christianity Today" vom 2.9.1988, S. 25.

2 Chantry, Walter, „Call the Sabbath a Delight", The Banner of Truth, Carlisle, Pasadena, 1991, S. 12.

3 Harris, Frederick, „The Sabbath Was Made for Mankind" in „The Lord's Day", James P. Wesberry (Hg.), Broadman Press, Nashville, 1986, S. 77.

4 White, Ellen G. „The Desire of Ages", Mountain View, Kalifornien, Pacific Press, 1940, S. 289.

5 Zitiert nach einer Schrift der Lord's Day Alliance: „Scripture I Hardly Noticed", Atlanta, Lord's Day Alliance der USA.

6 Wesberry, James P., „Gedenke des Herrentages, daß du ihn heiligst." *Sunday* (Juli–September 1989), S. 4.

7 Elliott, George, „The Abiding Sabbath" (1884), S. 17f., Zitiert in: Samuele Bacchiocchi: „Divine Rest for Human Restlessness", Berrien Springs, Michigan, Biblical Perspectives, 1980, S. 70.

8 Zitiert in: Wesberry, Hg. „The Lord's Day", S. 51.

9 Dawn, Marva, „Keeping the Sabbath Wholly", Grand Rapids, Michigan, William B. Eerdmans, 1989, S. 9.

10 Bacchiocchi, Samuele, „Divine Rest for Human Restlessness", Berrien Springs, Michigan, Biblical Perspectives, 1980, S. 93.

11 Heschel, Abraham Josua, „The Sabbath", New York, Farrar, Straus, Giroux, 1983, S. 90.

12 Bacchiocchi, Samuele, a.a.O., S. 93.

13 Barth, Karl, „Church Dogmatics", Bd. 3, Teil 2, Books International, McLean, Va., S. 62.

14 Siehe Goldstein, Clifford, „Bestseller", Pacific Press, Boise, Idaho, 1989.

15 Samuele Bacchiocchi, a.a.O., S. 201.

16 Chantry, Walter, a.a.O., S. 96.

17 Wesberry, James P., „Let the Trumpet Sound" in „Sunday", Centennial Edition, 1988, S. 5.

18 Dawn, a.a.O., S. xi.

19 Alphabet von Rabbi Akiba, „Otzar Midraschim", S. 407.

20 Al Nakawa, „Menorat" ha-Maor, Bd. 2, S. 182, in Heschel, „The Sabbath", S. 19.

21 Heschel, a.a.O., S. 8.

22 Brown, James, „The Doctrine of the Sabbath in Karl Barth's ‚Church Dogmatics'" in „Scottish Journal of Theology" 20 (1967), S. 7, zitiert in Bacchiocchi, „Divine Rest", S. 279.

23 Dressler, Harold, „The Sabbath in the Old Testament", in „From Sabbath to Lord's Day", D. A. Carson (Hg.), Zondervan, Grand Rapids, Mich., 1982, S. 23.

24 Buber, Martin, „Moses: The Revelation and the Covenant", Oxford University, New York, 1946, S. 84f.

25 White, Ellen G., „Jesus von Nazareth", Advent-Verlag, Lüneburg, 1995

26 Hasel, Gerhard, „Der Sabbat im Pentateuch" in „From Sabbath to Lord's Day", Kenneth Strand (Hg.), Review and Herald, Washington, D.C., 1982, S. 27.

27 Buber, Martin, a.a.O., S. 80.

28 Englische Vorlage übersetzt aus „Auslegung des Alten Testaments" in „Sämtliche Schriften", J. G. Walch (Hg.), Bd. 3, Sp. 950, zit. in „Bible Readings for the Home", S. 304.

29 Chantry, Walter, a.a.O., S. 101.

30 Doukhan, Jacques, „Loving the Sabbath as a Christian" in „The Sabbath in Jewish and Christian Traditions", Tamara Eskenazi, Daniel J. Harrington und William Shea (Hg.), Crossroad, New York, 1991, S. 159.

31 Branson, Roy (Hg.), „Festival of the Sabbath", Association of Adventist Forums, Takoma Park, Md., 1985, S. 72.

32 Ahad Ha-Am, „The Sabbath Has Kept Israel" in „Sabbath: Day of Delight", Abraham E. Millgram (Hg.), Jewish Publication Society of America, Philadelphia, 1944, S. 253.

33 Harrelson, Walter, „The Ten Commandments and Human Rights", Fortress, Philadelphia, 1980, S. 82.

34 „Shabbath" 22,1.

35 „Eccl." R. 5,10,2.

36 „Shabbath" 13,5-7.

37 „Shabbath" 1,3.

38 „Betzah" 1,1.

39 „Shabbath" 21,1.

40 „Shabbath" 7,2.

41 Strand (Hg.), „The Sabbath in Scripture", S. 105.

42 Matthäus 12,9; Markus 1,21; 3,1; 6,2; Lukas 6,6.

43 Carson, D. A., „Jesus and the Sabbath in the Four Gospels" in „From Sabbath to Lord's Day", D. A. Carson (Hg.), Zondervan, Grand Rapids, Michigan, 1982, S. 61.

44 Ebd.

45 Strand (Hg.), „The Sabbath in Scripture", S. 95.

46 Friedman, Theodore, „The Sabbath: Anticipation of Redemption" in „Judaism" 16, 1967, S. 443.

47 „Shabbath" 12a.

48 Jervell, Jacob, „Luke and the People of God", Minneapolis, 1972, S. 140.

49 Strand (Hg.), a.a.O., S. 103.

50 Carson, a.a.O., S. 85.

51 Carson, ebd., Einband.

52 Neander, August, „The History of the Christian Religion and Church" (1831), Bd. 1, S. 337, zitiert in Bacchiocchi, „From Sabbath to Sunday", S. 108.

53 Grosheide, F. W., „Commentary on the First Epistle to the Corinthians, The New International Commentary on the New Testament", Ned Stonehouse (Hg.), William B. Eerdmans, Grand Rapids, Michigan, 1953, S. 398.

54 Strand (Hg.), a.a.O., S. 125.

55 Wesberry, James P., a.a.O., S. 100.

56 Ebd., S. 239.

57 Carson, a.a.O., S. 16.

58 Wesberry, James P., „Are We Compromising Ourselves?" in „Sunday", April-Juni 1976, S. 5.

59 Lindsell, Harold, „Consider the Case for Quiet Saturdays" in „Christianity Today", 5. November 1976, S. 42.

60 Strand (Hg.), „The Sabbath in Scripture", S. 11.

61 Josephus, Flavius, „Against Apion" 2,40, zit. in Abraham Millgram, „Sabbath: Day of Delight", Jewish Publication Society of America, Philadelphia, 1981, S. 218.

62 Clarke, Adam, „The New Testament of Our Lord and Savior Jesus Christ", Bd. 2, New York, o.J., S. 524, zit. in Strand (Hg.), „Sabbath in Scripture and History", S. 340.

63 Carson (Hg.), a.a.O., S. 198-220.

64 Bacchiocchi, Samuele, „The Sabbath in the New Testament", Biblical Perspectives, Berrien Springs, Michigan, 1985, S. 79-85.

65 Bacchiocchi, Samuele, „Anti-Judaism and the Origin of Sunday", Pontifical Gregorian University, Rom, 1975, S. 58.

66 Bacchiocchi, Samuele, „From Sabbath to Sunday", Pontifical Gregorian University, Rom, 1977, S. 185.

67 Geiermann, Peter, „The Convert's Catechism of Catholic Doctrine", 2. Aufl., 1910, S. 50, zitiert in Mark Finley, „The Forgotten Day", The Concerned Group, Arkansas, 1988, S. 99.

68 „The Catholic Mirror", 23. Sept. 1893, zitiert in „Rome's Challenge", International Liberty Association, Washington, D.C., S. 24.

69 Strand (Hg.), a.a.O., S. 302.

70 Branson (Hg.), a.a.O., S. 47.

71 Shuler, Robert, „God's Everlasting Sign", S. 90, zitiert in „Seventh-day Adventists Believe ...", Ministerial Association, General Conference of Seventh-day Adventists, 1988, S. 265.

72 Branson (Hg.), a.a.O., S. 44.